MONONO KAKIKATA
SAKUTTO NOTE

短いフレーズで
気持ちが伝わる

モノの書き方
サクッと ノート

平野友朗=監修

永岡書店

 **はじめに**

"気の利いたひと言"を書き添えるだけで あなたの気持ちが伝わります

　あいさつのメールや手紙から、ビジネス文書、郵送物などに添える一筆箋など、仕事や日常生活のさまざまなシーンで文章を書く機会が多くあります。サラサラッと難なく書いてしまう人もいれば、わずか数行のメールを書くのにも苦労してしまう人もいるでしょう。

　本書では、"文章を書くのがちょっと苦手"というあなたのために、ひと言書き添えることで相手に感じよく伝わるフレーズを数多く紹介しています。

　難しく考える必要はありません。最初は本書で紹介している定型のフレーズをうまく組み合わせて、用件をわかりやすく書くことから始めてみましょう。

　ただし、用件を伝えているだけの無味乾燥な文章は、こちらが思っている以上に相手に「冷たい」という印象を与えてしまうことがあります。数行でいいので、感謝やねぎらいの気持ち、

相手への敬意を表すひと言を添えてみましょう。そのひと言で、相手が安心したり、あなたの印象がぐっとよくなったりすることがあるのです。

会話でのコミュニケーションのように身ぶりや表情、声のトーンがわからない分、文章でのコミュニケーションは相手や状況に応じた適切な言葉選びのセンスが重要。メールや手紙は、相手の手元に残るものだからこそ、正確かつスマートにまとめたいものです。

本書で紹介している好感度を高めるフレーズをシーン別に活用して、"大人のモノの書き方"をマスターすれば、相手のリアクションが温かいものに変わり、仕事もプライベートもうまくいくでしょう。そんな文章によるコミュニケーションの"マジック"を、ぜひ実感してください。

平野友朗

気持ちが伝わるモノの書き方がサクサク身につく

本書の特長と使い方

本書は、仕事や日常生活で文章を書くときに使えるフレーズをシーン別に紹介しています。相手や状況に合った言葉をサクッと見つけて、気持ちが伝わる文章づくりに役立ててください。

そのまま使える"書き添えフレーズ"が満載！

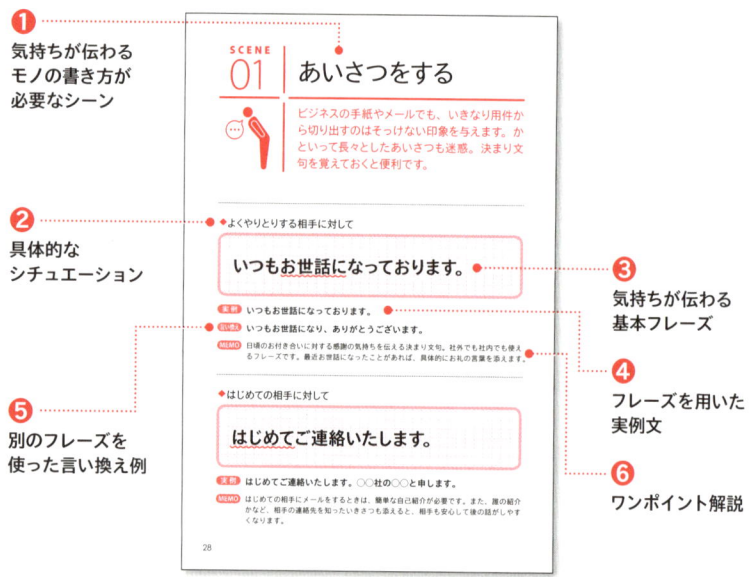

❶ 気持ちが伝わるモノの書き方が必要なシーン

❷ 具体的なシチュエーション

❸ 気持ちが伝わる基本フレーズ

❹ フレーズを用いた実例文

❺ 別のフレーズを使った言い換え例

❻ ワンポイント解説

❶ 章ごとに必要なシーンに分けてあります。
❷ どんなときに使えばいいのか、具体的なシチュエーションを想定して、最適なフレーズを数多く紹介しています。
❸ 気持ちが伝わる基本フレーズを紹介しています。
❹ 実際に使用するときに参考になる実例文を掲載しています。
❺ 言い換え可能な別のフレーズを使って、実例文を紹介しています。
❻ どんなときに使うのか、言葉の意味やマナーなど、好感度・信頼度をあげるモノの書き方のポイントを解説しています。

気持ちが伝わるモノの書き方のコツをアドバイス！

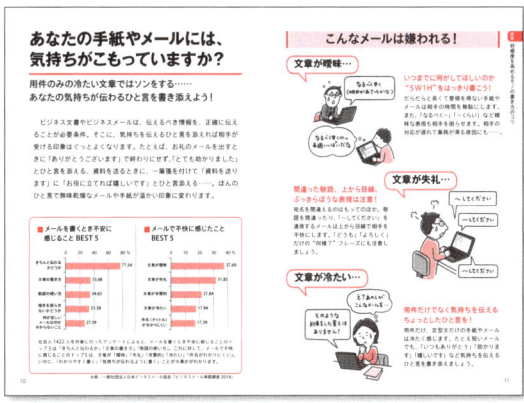

文章のコミュニケーションは、会話のように身ぶりや表情、声のトーンがわからない分、さまざまな誤解や認識のズレが生じがちです。序章では、自分の気持ちを相手にきちんと伝えるにはどうすればいいのかについて、そして、好感度を上げるための書き方のコツを具体的にアドバイスしています。

いまさら聞けないメールと手紙のきほんマナーを解説

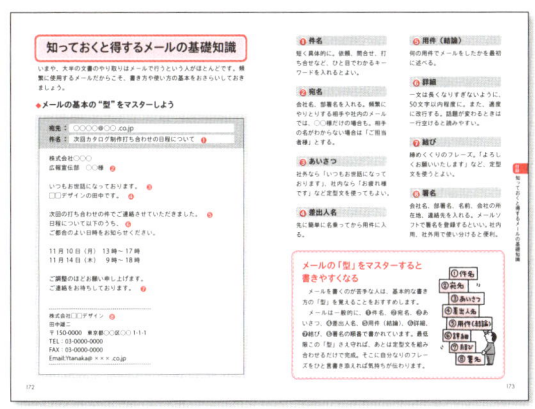

手紙やメールなど、文書として相手の手元に残るものは、会話以上に内容やマナーに気をつけなければなりません。巻末の付録では、メールの基礎知識とマナー、封書・はがき・一筆箋のマナー、敬語、ビジネス用語の基礎知識など、好感度＆信頼度を上げるために知っておきたい情報をサクッとまとめて紹介しています。

目次

序章　好感度を高めるモノの書き方のコツ　9

- あなたの手紙やメールには、気持ちがこもっていますか？……… 10
- 気持ちが伝わる、仕事がうまくいく 好感度を高める書き方5つのコツ … 12
- 好感度アップの書き方のコツ 1　相手との距離感を把握する ………… 14
- 好感度アップの書き方のコツ 2　文章の"基本の型"を身につける ……… 16
- 好感度アップの書き方のコツ 3　語彙のカードをたくさん持つ ………… 18
- 好感度アップの書き方のコツ 4　あいまいな表現をしない …………… 20
- 好感度アップの書き方のコツ 5　目的と用件を整理し、先に述べる ……… 22
- COLUMN　メール、封書、一筆箋、はがきの使い分け ……… 24

第1章　あいさつ・気遣いをするときのフレーズ　25

- 相手を喜ばせる書き方……………………………………………… 26
- SCENE 01　あいさつをする ……… 28
- SCENE 02　お礼を伝える ………… 32
- SCENE 03　ほめる・称賛する …… 39
- SCENE 04　相手をいたわる ……… 43
- COLUMN　前文＆末文の定番あいさつ早わかりチャート ………… 45
- 　　　　　頭語と結語を正しく使おう ……………………… 48

第2章　お願い・相談するときのフレーズ　49

- お願い＆説得するときの書き方……………………………………… 50
- SCENE 01　お願い・依頼する …… 52
- SCENE 02　交渉する ……………… 62
- SCENE 03　催促する ……………… 64
- COLUMN　感じよく伝わる書き換えフレーズ ……………………… 70
- 　　　　　「ありがとう」のボキャブラリーを増やそう ………… 72

第3章 報告・連絡するときのフレーズ　　73

正確に伝えるための書き方………………………………………………… 74

SCENE 01	確認する ……………… 76	SCENE 06	案内する・誘う ……… 90
SCENE 02	相談する ……………… 78	SCENE 07	受領・通知する ……… 96
SCENE 03	問い合わせる ………… 80	SCENE 08	異動を知らせる …… 100
SCENE 04	問い合わせへの回答 … 85	SCENE 09	開業・廃業を知らせる‥102
SCENE 05	承認する ……………… 88	SCENE 10	退職・転職を知らせる‥104

COLUMN 相手に伝わる文章を書くコツ ………………………………… 107
クッション言葉を使いこなそう ……………………………… 109
「起こし言葉」と「つなぎ言葉」を使いこなそう ………… 110

第4章 お詫び・断るときのフレーズ　　111

お詫び・断るときの書き方………………………………………………… 112

SCENE 01	お詫びする ………… 114
SCENE 02	断る・辞退する …… 126
SCENE 03	抗議する …………… 132
SCENE 04	反論する …………… 136

COLUMN ネガティブフレーズをポジティブに言い換える ………… 138
相手を傷つけずに断るクッション言葉 …………………… 140
相手をイラっとさせるNGフレーズ ……………………… 141
ビジネス特有の表現を使いこなそう ……………………… 142

第5章 季節のあいさつのフレーズ　　143

気持ちが伝わる手紙の書き方……………………………………………… 144

1月のあいさつ……… 146	7月のあいさつ……… 152
2月のあいさつ……… 147	8月のあいさつ……… 153
3月のあいさつ……… 148	9月のあいさつ……… 154
4月のあいさつ……… 149	10月のあいさつ……… 155
5月のあいさつ……… 150	11月のあいさつ……… 156
6月のあいさつ……… 151	12月のあいさつ……… 157

結婚祝い 前文と末文	158	お中元のお礼 前文と末文	164
結婚祝いへのお礼 前文と末文	159	お歳暮の添え状 前文と末文	165
出産祝い 前文と末文	160	お歳暮のお礼 前文と末文	166
出産祝いへのお礼 前文と末文	161	年賀状 前文と末文	167
暑中見舞い 前文と末文	162	年賀状の返礼 前文と末文	168
お中元の添え状 前文と末文	163	年賀状（喪中欠礼）前文と末文	169

COLUMN 忌み言葉に気をつけよう ………………………………………… 170

付録　いまさら聞けないメールと手紙のきほんマナー　171

知っておくと得するメールの基礎知識……………………………………… 172
- ◆メールの基本の"型"をマスターしよう……………………………… 172
- ◆ひと目でわかる件名をつけよう………………………………………… 174
- ◆相手のメールを引用して返信する……………………………………… 174
- ◆プラスアルファの気持ちは追伸で述べる……………………………… 175
- ◆読みやすいメールのポイント…………………………………………… 176
- ◆署名でさりげなく情報発信する………………………………………… 177

ビジネス文書の基本構成を覚えよう………………………………………… 178
封筒・はがき・一筆箋の書き方のマナー…………………………………… 180
敬語の基本と使い方…………………………………………………………… 182
名詞＆動詞の敬語の使い分け………………………………………………… 184

COLUMN 間違い敬語に気をつけよう ……………………………… 186

仕事で役立つビジネス用語…………………………………………………… 188

mini COLUMN

ビジネスメールで絵文字は使ってもOK？ ……………………………	13
感謝やほめるフレーズで親近感がアップ ………………………………	42
末文で相手の返事を促す定番フレーズ …………………………………	69
フレーズの組み合わせで好感度を高めよう ……………………………	95
うっかり使いがちな「マイナスフレーズ」……………………………	125
メールのやりとりは、出した人で終えるのがルール …………………	175
漢字をひらがなに変えて読みやすさアップ ……………………………	177
相手への敬意を表す正しい敬称の使い方 ………………………………	179

序章

好感度を
高めるモノの
書き方のコツ

- ■ 相手との距離感を把握する
- ■ 文章の"基本の型"を身につける
- ■ 語彙のカードをたくさん持つ
- ■ あいまいな表現をしない
- ■ 目的と用件を整理し、先に述べる

あなたの手紙やメールには、気持ちがこもっていますか？

用件のみの冷たい文章ではソンをする……
あなたの気持ちが伝わるひと言を書き添えよう！

　ビジネス文書やビジネスメールは、伝えるべき情報を、正確に伝えることが必要条件。そこに、気持ちを伝えるひと言を添えれば相手が受ける印象はぐっとよくなります。たとえば、お礼のメールを出すときに「ありがとうございます」で終わりにせず、「とても助かりました」とひと言を添える、資料を送るときに、一筆箋を付けて「資料を送ります」に「お役に立てれば嬉しいです」とひと言添える……。ほんのひと言で無味乾燥なメールや手紙が温かい印象に変わります。

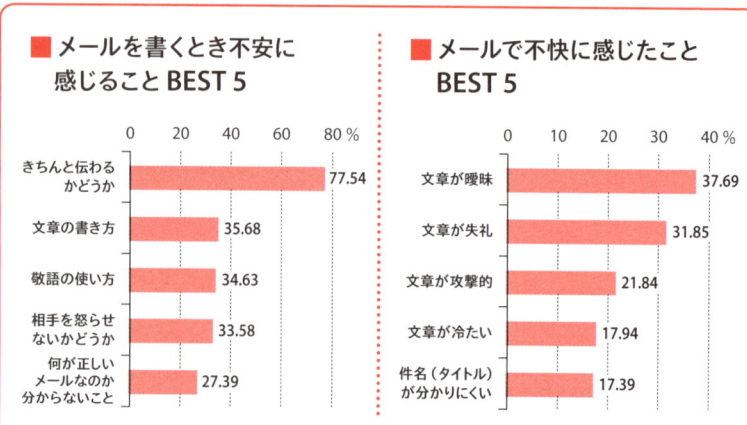

■ メールを書くとき不安に感じること BEST 5

項目	%
きちんと伝わるかどうか	77.54
文章の書き方	35.68
敬語の使い方	34.63
相手を怒らせないかどうか	33.58
何が正しいメールなのか分からないこと	27.39

■ メールで不快に感じたこと BEST 5

項目	%
文章が曖昧	37.69
文章が失礼	31.85
文章が攻撃的	21.84
文章が冷たい	17.94
件名(タイトル)が分かりにくい	17.39

社会人1422人を対象に行ったアンケートによると、メールを書くとき不安に感じることのトップ3は「きちんと伝わるか」「文章の書き方」「敬語の使い方」。これに対して、メールで不快に感じることのトップ5は、文章が「曖昧」「失礼」「攻撃的」「冷たい」「件名がわかりにくい」。いかに、「わかりやすく書く」「気持ちが伝わるように書く」ことが大事かがわかります。

出典：一般社団法人日本ビジネスメール協会「ビジネスメール実態調査2014」

こんなメールは嫌われる！

文章が曖昧…

いつまでに何がしてほしいのか"5W1H"をはっきり書こう！

だらだらと長くて要領を得ない手紙やメールは相手の時間を無駄にします。また、「なるべく〜」「〜くらい」など曖昧な表現も相手を困らせます。相手の対応が遅れて業務が滞る原因にも……。

文章が失礼…

間違った敬語、上から目線、ぶっきらぼうな表現は注意！

宛名を間違えるのはもってのほか。敬語を間違ったり、「〜してください」を連発するメールは上から目線で相手を不快にします。「どうも」「よろしく」だけの"何様？"フレーズにも注意しましょう。

文章が冷たい…

用件だけでなく気持ちを伝えるちょっとしたひと言を！

用件だけ、定型文だけの手紙やメールは冷たく感じます。たとえ短いメールでも、「いつもありがとう」「助かります」「嬉しいです」など気持ちを伝えるひと言を書き添えましょう。

気持ちが伝わる、仕事がうまくいく 好感度を高める書き方5つのコツ

悪気はないのに相手を不快にさせた、嫌われた……
そんな書き言葉ならではの落とし穴に気をつけよう！

　日常のコミュニケーション手段といえば、現在ではメールが圧倒的に多いでしょう。通話手段の進化に伴い、電話や対面でのコミュニケーションはずいぶん減った気がします。対面する機会が少ないからこそ、手紙やメールで、上手に気持ちを伝えるスキルが必要なのです。

　対面の会話なら、身ぶりや表情から、相手がきちんとこちらの言ったことを理解しているかどうか、あるいは怒っているかどうかがわかります。ところが、メールや手紙ではそれができません。

　そのため、相手に伝わっていないのに伝わったと誤解する、悪気はないのに怒らせてしまう、といったトラブルが後を絶ちません。メールや手紙など、文章によるコミュニケーションにこそ、相手や状況に応じた「気持ちを伝える言葉選び」が重要なのです。

◆誤解を招きがちな書き方の例

NG
「○○について、
今日中にお返事ください」

MEMO 返事が欲しいということは伝わるけど、なんだか冷たい印象に……。怒っているのかな？と相手に誤解させてしまうかもしれません。

GOOD
「今日中にお返事
いただけると幸いです
（助かります／嬉しいです）」

MEMO 語尾を「幸いです」とするだけで、だいぶソフトな印象に。「○○について、今日中にお返事くださいませ」と、語尾に「〜ませ」とつけるだけでもやさしい表現になります。

NG
「○○の資料、今日の13時までにいただけるはずでしたが、まだいただいていません。どうなっていますか」

MEMO 本人は軽い確認のつもりかもしれませんが、受け取った相手には、厳しく責められているように感じます。

GOOD
「○○の資料、今日の13時にいただけるとお聞きしたように思いますが、まだ届いていません。ご確認いただけますでしょうか」

MEMO 「お聞きしたように思いますが」とすることで相手を責める印象が弱まります。責めるのではなく、確認をお願いすることで印象がよりソフトに。

mini COLUMN

ビジネスメールで絵文字は使ってもOK？

用件だけの手紙やメールは冷たい感じがするものですが、そこに(＾＿＾)などの絵文字がひとつ入るだけで印象がぐっと和らぐものです。しかし、プライベートなメールでは許されても、ビジネスシーンで許されるかどうかは疑問。相手の価値観や状況、業界によっても意見が分かれるところだと思います。

ビジネスメールでは、絵文字に頼らず、感情を伝えるフレーズを使うことをおすすめします。

好感度アップの書き方のコツ 1

相手との距離感を把握する

馴れ馴れしすぎてもダメ、距離をおきすぎてもダメ
相手との関係や状況を考えて言葉を選ぼう！

　メールの普及によって、ちょっとした送付状などでは「時下ますますご清祥のことと〜」といった、書き言葉特有のかしこまった表現をすることは少なくなりました。メールはすぐに相手に届き、ほぼリアルタイムのやりとりができるので、表現がどんどん話し言葉に近づいてきているようです。その影響もあって、ビジネス文書でも、かしこまった表現を使うケースは減少している傾向にあります。

　しかし、メールであっても、ビジネスのコミュニケーションには変わりはありません。あまりくだけすぎないよう注意が必要です。相手との関係性や状況を見極めて、"適切な表現を選び取るセンス＝空気を読む力"が、今後ますます必要となってくるでしょう。

◆話し言葉を意識したやさしい表現

　かしこまった手紙を書くときは、堅苦しいフレーズを使うことが多いのではないでしょうか。相手や状況によっては、そのほうがふさわしいこともありますが、軽めの用件を伝える手紙やメールのときには、ふだんの話し言葉を意識してなるべくやさしい表現を使うことをおすすめします。そのほうが、書き手の気持ちやぬくもりが伝わりやすいです。

平素は格別のご高配(こうはい)を賜(たまわ)り、厚く御礼申し上げます。

→ **いつもお世話になり、ありがとうございます。**

引き続き旧倍(きゅうばい)のご厚情(こうじょう)を賜りたく、切にお願い申し上げます。

→ **今後とも、どうぞよろしくお願い申し上げます。**

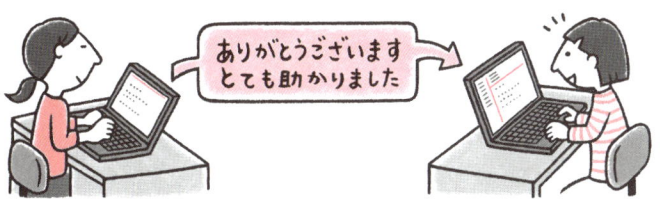

好感度アップの書き方のコツ **2**

文章の"基本の型"を身につける

文章は"型"に沿って書くとまとめやすくて読みやすいもの
冒頭のあいさつと結びのあいさつはバッチリ決めよう！

　ビジネス文書の書き方には一定の"型"があります。たとえばメールなら最初に「○○の件」などの件名があり、冒頭のあいさつ、そして自分は何者かという「名乗り」があります。次いで「これから何について話します」といった結論、具体的な内容が入り、最後に再びあいさつで締めます。この流れがスムーズにつながっている文章は読みやすく、内容も頭に入りやすいものです（17ページの文例参照）。

　また、内容だけでなく、レイアウトも工夫しましょう。文字がびっしり詰まったメールでは読む気がしません。1行当たりの文字数は多くても30文字程度に抑え、適度に改行を入れます。加えて、内容の区切りのいいところで1行分空けると、さらに読みやすくなります。

◆ビジネスメールの型の文例

宛先	:	○○○○@○○.co.jp
件名	:	○○研修　講師のお願い

○○○○様

あいさつ はじめてメールをいたします。
名乗り ○○社の○○と申します。
先月15日の○○セミナーで、
○○先生のお話をお聞きし、大変感銘を受けました。

> 初めての相手にメールを出す場合は、なぜ相手のことを知ったかを簡単に述べます。

結論 本日、○○先生に弊社での研修会での講師の
お願いをしたくご連絡を申し上げました次第です。

> 先に用件を述べてから詳細に移ります。

内容 弊社では、○月○日に、営業職の社員に向けて
効果的なプレゼンテーションの仕方をテーマに
研修を行いたいと考えております。
つきましては、この分野でご活躍の
先生にぜひご登壇願えないかと思っております。

日時：○月○日（○）　○時～○時
場所：○○○○
セミナーテーマ：営業力を3倍アップするプレゼン術
参加人数：50名程度
謝礼：○○○○円
(些少で恐縮ですが、この金額でお願いできればと存じます)

> 詳細は、箇条書きで整理します。

あいさつ ご多忙のところ大変恐縮ですが、ご都合のほど
お知らせいただけると幸いです。
何卒よろしくお願い申し上げます。

署名（省略）

> 手紙もメールも、対面コミュニケーションと同様、あいさつに始まりあいさつに終わります。

好感度アップの書き方のコツ 3

語彙のカードをたくさん持つ

ワンパターンフレーズでは、マイナスイメージに……
語彙をたくさん増やして、表現力豊かに書こう

　用件のみを伝えるビジネス文書やメールであっても、気持ちを伝えることは大事です。でも、一通の手紙やメールの中に、「嬉しかったです」「ありがたいです」を連発していたら、読み手によってはくどいと感じるかもしれません。メールであれば、「コピペしたな」と思われて、むしろマイナスなイメージになってしまうこともあります。

　文章を書いたら必ず読み返して、同じ表現を何度も使っていないかチェックすることを習慣にしましょう。また、日頃から、気持ちを伝える言葉やフレーズのカードをストックしておき、状況に応じて使い分けることも大切です。

　たとえば感謝の気持ちを伝える場合でも「ありがとう」だけでなく、「○○さんのおかげです」「本当に助かりました」「感謝に堪えません」などいろいろな表現があります。ぜひ本書を活用して、語彙のカードを増やしておきましょう。

◆ひとつの手紙やメールの中で、同じ表現を何度も繰り返さない

○○様

○○社の○○です。
いつもお世話になりありがとうございます。 ←

> 短いメールの中に「ありがとう」を連発しすぎ。感謝を表す表現は他にもたくさんあります。

この間は、お時間をいただき、ありがとうございました。 ←
とても勉強になりました。ありがとうございます。 ←

次回の会議日程を決めたいと思いますので、
来月中で、日程の候補をいくつかご連絡いただけると
ありがたいです。 ←

○○様

○○社の○○です。
いつもお世話になり感謝申し上げます。 ←

> 社外の人ならこのような表現も使えます。

この間は、お時間をいただき、ありがとうございました。
とても勉強になりました。
○○さんの知識の広さに感心しました。 ←

> 相手をさりげなくほめることでも感謝は伝わります。

次回の会議日程を決めたいと思いますので、
来月中で、日程の候補をいくつかご連絡いただけると
助かります。 ←

> 「嬉しいです」でも言い換え可能です。

好感度アップの書き方のコツ 4

あいまいな表現をしない

「相手はたぶんわかるだろう」では伝わらない……
日付、時間、数量などはなるべく具体的に

　手紙やメールで用件を伝えるときは、誰が読んでも同じ解釈になるように書くことが基本です。同じ言葉であっても相手の年齢や業種、グローバル時代の昨今なら国籍によっても、解釈が異なる場合が多々あります。自分と他人は違うということを忘れないようにしましょう。

　たとえば、「なるべく早く」と書かれていたら、あなたはいつが期限だと思いますか？　人によっては１時間以内かもしれないし、今日中かもしれません。「明日までに」は、明日の午前中なのか、営業時間内なのか、解釈は人それぞれで違うのです。相手は「１時間以内」と思っているのに翌日返事をしたら「仕事のできないヤツ」と思われてしまうかもしれません。「○月○日の○時までに」と書けばこのような誤解はなくなります。

- ✘ 明日までに　➡　金曜日の 17 時半までに
- ✘ 今月中に　➡　10 月 31 日（金）の 18 時までに
- ✘ 午後イチに　➡　13 時に
- ✘ 来週の火曜日に　➡　来週火曜（○月○日）に
- ✘ いくつか　➡　3 点ほど
- ✘ できるだけたくさん・ちょっと多めに・だいたい○〜○案くらい
   - ➡　5 案、10 個程度、20 人程度、etc（数字を明確に）
- ✘ 大丈夫です（断り）　➡　必要ありません。お断りします。
- ✘ デザインがいまひとつですね。
   - ➡　色を赤系に変えて…、タイトルを目立たせて…、書体をゴシック系に…、etc（相手が判断に困らないよう具体的に伝える）

◆あいまいな表現がトラブルを招く原因に……

好感度アップの書き方のコツ **5**

目的と用件を整理し、先に述べる

だらだらと思いつくままに書くのは要注意！
要点を得ない手紙やメールは後回しにされると覚悟しよう

　ビジネス文書やメールを書くときは、書く前に、伝えるべき目的を明らかにし、用件を整理してから書き始めましょう。思いつくままにだらだらと書くと、受け取った相手は、何がいいたいのか、自分は何をすればいいのかがわかりません。

　読みやすい文書を書くには、その文書の目的（結論）を先に述べます。これによって、相手が「あ、○○の件ね」と、内容を予測でき、読む態勢を整えることができます。次に用件を書きますが、だらだらと長文にならないように、必要に応じて箇条書きにしたり、罫線で仕切るなどして、ひと目でわかるよう工夫しましょう。

　メールであれば、一通のメールにあれもこれも用件を書かないで、1メール1テーマを心がけること。件名も「○○のご相談」と用件をひとつだけ明記します。あとから確認するときも検索しやすく、仕事の効率が格段にアップするはずです。

◆ひとつのメールにはひとつのテーマを　件名も検索しやすいように書く

宛先： ○○○○@○○.co.jp
件名： もろもろ確認とお願い

○○様

お疲れ様です。
○○部の○○です。

先日お送りしたアンケートの集計データはお手元に届きましたか。
これを、10ページほどに要約してほしいのですが、
来週中くらいにできますか？

それと、この間お願いしたレポートの校正を添付しますので、
今日中に修正して戻してください。

あと、部門会議の日程を決めたいので、
○○部長の今週の予定を聞いておいてください。

よろしくお願いします。

件名について： タイトルはパッと見て内容がわかるよう「○○確認のお願い」などとします。こうすると、後から検索するときも便利です。

「来週中くらいにできますか？」について： 結局いつまでなのかよくわかりません。「10日（金）までに」など具体的に。

「今日中に修正して戻してください。」について： あいまいな期日はNG。「本日○時までに」などと明記します。

「○○部長の今週の予定を聞いておいてください。」について： 全体的に、いろいろお願いしている割にそっけなくて、思いやりが感じられないのも残念。「お忙しいところ申し訳ありませんが」などのひと言がほしいところ。

＜ここがNG！＞

ひとつのメールに、データ受領の確認、サマリー（要約）作成の依頼、レポート修正の依頼、スケジュール確認の依頼と、4件もの用件が盛り込まれています。

1メールには1テーマを原則とし、異なる用件のものについては面倒でもメールを分けましょう。こうすれば見落としや返事忘れを防げますし、案件ごとにフォルダを作ってメールを振り分ける場合にも便利です。

COLUMN

メール、封書、一筆箋、はがきの使い分け

メール、封書、一筆箋、はがきには、それぞれにふさわしい使い方や場面があります。TPOに応じて上手に使い分けましょう。

メール

メールは現在最も使われているコミュニケーションツールで、気軽に書けて、スピーディーに送れることが最大のメリットです。また、国内外問わず安価に送ることができる、相手が不在でも届けられる、多くの人に同時に送ることができる、保管に場所をとらないなど、メールを使う利点は多くあります。ただし、冠婚葬祭やあらたまったお礼、お詫びを言うときには不向きです。

封書

冠婚葬祭など儀礼を重んじるとき、お詫びや依頼など誠意を伝えたいときなどは封書がおすすめです。内容が人に見えないのも封書の利点。パソコンで仕上げる場合でも、手書きでメッセージを添えると気持ちがこもります。また、便箋や封筒選びもセンスの見せどころ。こだわりのあるものを選びたいですが、目上の人には無地が無難です。郵送する際は、記念切手を使うと好印象です。

一筆箋

一筆箋は相手にちょっとしたひと言を添えるのに便利な小型の便箋。季節感のある絵柄を選ぶのも楽しいものです。手軽に書ける上に手書きの温かみも伝わるのが一筆箋のメリットで、難しく考えなくても、「ありがとうございます」「よろしくお願いします」など簡単なコメントだけで十分気持ちは伝わります。また、文章が長くなる場合は一筆箋に何枚も書くのではなく、最初から便箋に書くほうがスマートです。

はがき

はがきで書ける程度のことは、メールで済ませてしまう人が多いでしょう。でもそんな時代だからこそ、手書きのはがきをもらうと嬉しいもの。いただきものへのお礼、季節や一年の節目のあいさつなど、もっとはがきを活用したいところです。とくに、目上の人や年配の人、メールをあまり使わない人には、はがきのほうが喜ばれることもあります。相手に合わせて使い分ける気遣いも大切です。

第 **1** 章

あいさつ・
気遣いをするときの
フレーズ

- あいさつをする
- お礼を伝える
- ほめる・称賛する
- 相手をいたわる

相手を喜ばせる書き方

相手の立場に立って相手が喜ぶように書くこと、相手への関心を示すことが"書き言葉"のコミュニケーションの基本です。

「相手の立場に立って考える」ことは良好なコミュニケーションの基本。手紙やメールでも同じです。どのような言い方をすれば相手は喜ぶかを常に意識して書きましょう。

たとえば、冒頭のあいさつに「先日の会議での○○さんの発言、とても新鮮でした」「この間、ブログ見ましたよ」など、相手に関心がなければ言えないようなひと言が添えられていると、間違いなく好感度アップ。誰だって、自分に関心を持ってもらえると嬉しいものです。

また、手紙やメールでも、気持ちのいいあいさつができる人、ありがとうをきちんと言える人、相手の努力をきちんと見ていて認めてあげられる人も、相手に好印象を与えます。とはいえ、内容の伴わない空々しい社交辞令はマイナス。手紙やメールを送る相手や状況に合った適切なひと言を添えることに意味があるのです。

POINT

- [ ] どう言えば相手が喜ぶかを考えること。
- [ ] 相手に関心を持とう。人は関心を持ってくれた相手を悪くは思わない。
- [ ] あいさつ、感謝、承認、ねぎらいの言葉がけを。
- [ ] その人だから言えるひと言を添えると、より好印象に。

文例　取引先へお礼を伝える

件名：資料送付のお礼

○○様

お世話になっております。○○です。

本日、○○の資料、無事受け取りました。
お忙しい中、迅速なご対応をいただき、
ありがとうございました。
おかげさまで、大変に助かっております。

これからも、いろいろとお願いすることが
あるかと存じますが、
よろしくお願いいたします。

（署名）

- 相手がわざわざしてくれたことへの、感謝とねぎらいの言葉を忘れない。
- このひと言があるのとないのとでは、印象がだいぶ違う。
- 次につながるひと言も忘れないこと。

文例　先輩へ感謝の気持ちを伝える

こんなふうに書ければ好印象間違いなし

件名：展示会ではお世話になりました

○○様

お疲れ様です。○○です。

今回の展示会では、いろいろとお手伝いをいただき、
本当にありがとうございました。
細かいところまで気を配っていただいて、
さすが、と思いました。

当日はバタバタしていて
きちんとお礼も言えませんでしたが、
△△さんのお手伝いのおかげで
無事展示会を終えることができ、
とても感謝しています。

これからもいろいろと助けてください。
頼りにしています。

（署名）

- 感謝していることを具体的に述べる。
- 名指しでお礼を言うことで、感謝がより伝わる。
- 信頼の気持ちを伝えることで、次も気持ちよく手伝ってもらえる。

SCENE 01 | あいさつをする

ビジネスの手紙やメールでも、いきなり用件から切り出すのはそっけない印象を与えます。かといって長々としたあいさつも迷惑。決まり文句を覚えておくと便利です。

◆よくやりとりする相手に対して

いつも<u>お世話になっております。</u>

- **実例** いつもお世話になっております。
- **言い換** いつもお世話になり、ありがとうございます。
- **MEMO** 日頃のお付き合いに対する感謝の気持ちを伝える決まり文句。社外でも社内でも使えるフレーズです。最近お世話になったことがあれば、具体的にお礼の言葉を添えます。

◆はじめての相手に対して

<u>はじめて</u>ご連絡いたします。

- **実例** はじめてご連絡いたします。○○社の○○と申します。
- **MEMO** はじめての相手にメールをするときは、簡単な自己紹介が必要です。また、誰の紹介かなど、相手の連絡先を知ったいきさつも添えると、相手も安心して後の話がしやすくなります。

◆よく知らない相手にメールをするとき

> # 突然のメールで失礼いたします。

- **実例** 突然のメールで失礼いたします。先日名刺交換をさせていただいた〇〇社の××と申します。
- **言い換え** 本来ならお会いしてごあいさつを述べるところ、メールにて失礼いたします。先日名刺交換をさせていただいた〇〇社の××と申します。
- **MEMO** いきなりメールをする非礼をわびるニュアンスを込めたフレーズです。会ったことがない、あるいはほとんど知らない人にメールで連絡する場合に便利です。

◆長らく会っていない相手に対して①

> # お久しぶりです。

- **実例** お久しぶりです。暑い日が続いていますが、お元気でしたか。
- **MEMO** しばらく会っていない人にいきなり連絡する際に使える決まり文句。同僚、友人など親しい人に対して使いますが、敬意を表す言葉ではないので、目上の人に対しては使わないほうが無難です。

◆長らく会っていない相手に対して②

> # ご無沙汰しております。

- **実例** すっかりご無沙汰しております。お元気でお過ごしでしょうか。
- **言い換え** 長らくのご無沙汰をお許しください。お元気でお過ごしでしょうか。
- **MEMO** 「沙汰」とは連絡や便りの意味。長い間連絡しなかったことへのお詫びを込めたフレーズです。「ご無沙汰です」は省略形なので親しい人にのみ使います。

1章 シーン別フレーズ／あいさつ

◆感謝の気持ちを添える

いつもお心遣いをいただき……

- **実例** いつもお心遣いをいただき大変感謝しています。
- **言い換え** お心遣い、誠にありがたく存じます。
- **MEMO** 取引先などへ日ごろの感謝を伝えるときに使えるフレーズです。「お世話になっております」だけよりも丁寧な印象があります。

◆普段の気配りに対して感謝を込める

平素よりご高配(こうはい)を賜(たまわ)り……

- **実例** 平素よりご高配を賜(たまわ)り、深く感謝申し上げます。
- **言い換え** 日頃のご高配、誠にありがたく存じます。
- **MEMO** 「ご高配」とはご配慮、お心遣いの意味。決まり文句だけでなく、感謝のフレーズのバリエーションをたくさん持っておくと仕事で役立ちます。

◆相手の健康や安否を気遣う①

いかがお過ごしでしょうか。

- **実例** 寒さ厳しい折、いかがお過ごしでしょうか。
- **言い換え** 健やかにお過ごしのことと拝察(はいさつ)します。
- **MEMO** 相手の安否を気遣うフレーズです。暑さ、寒さなど季節ごとの言葉を添えるとマンネリ化を防ぎます。なお、拝察とは推察することをへりくだって言う謙譲表現です。

◆相手の健康や安否を気遣う②

お変わりありませんでしょうか。

- **実例** しばらくお目にかかっていませんが、お変わりありませんでしょうか。
- **言い換え** お変わりなくお過ごしのことと存じます。
- **MEMO** 相手の安否を気遣うフレーズです。「お元気ですか」よりもあらたまった印象があり、目上の人にも使えます。

◆紹介者がいる場合

ご紹介にあずかりました……

- **実例** ○○様からご紹介にあずかりました、∧∧会社の××です。
- **言い換え** ○○様からご紹介いただきました、△△会社の××です。
- **MEMO** 紹介者がいれば最初にそれを述べます。共通の知人がいることが伝わると、親近感がわき、相手も安心します。

◆一度会ったことがある場合

○○でお会いした……

- **実例** 先日、展示会でお会いした、○○社の××と申します。
- **MEMO** 一度会っただけでは相手が覚えていないかもしれません。どんなところで会ったかを添えると相手も思い出しやすくなります。

1章 シーン別フレーズ／あいさつ

SCENE 02 お礼を伝える

「ありがとう」だけでなく、感謝の気持ち、喜びを伝える言葉のボキャブラリーを増やし、表情豊かにお礼の気持ちを伝えましょう。

◆最もシンプルなお礼の言葉

ありがとうございます。

- **実例** お気遣いをいただき、ありがとうございます。
- **言い換え** このたびは、ご足労いただきまして、誠にありがとうございました。
- **MEMO** 目上の人にも目下の人にも使える万能のお礼の言葉です。何かをしてもらったときに限らず、「いつも」をつけることで、普段のあいさつ言葉としても使えます。

◆素直に喜びを伝える

大変うれしく思います。

- **実例** お心遣い、大変うれしく思います。
- **MEMO** 目上の人、目下の人、社内、社外でも、気軽なお礼の言葉として広く使えるフレーズです。ストレートな言葉で、素直な喜びの気持ちが伝わります。

◆尊敬をこめてお礼を言う

感謝しています。

- **実例** いつも気にかけていただき、感謝しています。
- **言い換え** 日頃なにかとお気遣いいただき、感謝しております。
- **MEMO** 「ありがとうございます」だけでは感謝の気持ちが言い尽くせないときに、添えるひと言。「しています」より「しております」のほうが、よりかしこまった印象になります。

◆かしこまったお礼の言葉

厚くお礼申し上げます。

- **実例** 平素(へいそ)は格別のお引き立てをいただき、厚くお礼申し上げます。
- **言い換え** ひとかたならぬご厚情(こうじょう)をいただき、心よりお礼申し上げます。
- **MEMO** 丁寧なお礼の言葉として、いろいろなシチュエーションで使えるフレーズです。「厚く」を「心より」「深く」に書き換えてもいいでしょう。

◆強く感謝の気持ちを伝える

感謝の念に堪(た)えません。

- **実例** いつもながらのご懇情(こんじょう)、感謝の念に堪えません。
- **MEMO** 感謝の大きさを、敬意も込めて表します。やや大げさな印象があるので多用は避けたほうがいいでしょう。実例の「ご懇情」は相手の心遣い、親切心のこと。

◆より深くお礼の気持ちを伝える

深謝(しんしゃ)いたしております。

実例 多大なご協力をいただき、深謝いたしております。

MEMO 「深謝」には、お礼とお詫びの両方の意味があります。お礼の場合は、「感謝」よりも強いお礼の気持ちを表します。

◆強く感謝の気持ちを伝える

お礼の言葉もありません。

実例 細かなところまでご配慮いただき、お礼の言葉もありません。

言い換え 思いもかけないご厚情(こうじょう)に、ただただ感謝いたしております。

MEMO 期待以上の厚意に対し、言葉に言い表せないほどの強い感謝の気持ちを伝えるフレーズです。ややあらたまった場面では、「お礼の申し上げようもございません」と言い換えるといいでしょう。

◆自分には過ぎる厚意をいただいた

身に余る光栄です。

実例 過分(かぶん)なお褒(ほ)めの言葉を頂戴し、身に余る光栄です。

MEMO 「私のようなものが……」「もったいない」という気持ちを表すフレーズ。自分が思っている以上に高評価をもらったり、自分の能力以上の大役を申しつけられたときなどに使います。

◆目上の人に感謝を伝える

恐れ入ります。

- **実例** お手数をおかけして、恐れ入ります。
- **言い換え** このようなご配慮をいただき恐縮です。
- **MEMO** 自分よりも目上の人から何かしてもらったときに感謝の気持ちを表すフレーズ。「恐れ入りますが」「恐縮ですが」と冒頭に入れると、何かをお願いするときの前フリになります。

◆相手に敬意を示す

おかげさまで……

- **実例** おかげさまで、△△社さまと新規契約に至りました。
- **言い換え** おかげ（さま）をもちまして、△△社さまと新規契約に至りました。
- **MEMO** 「おかげさまで」と添えることで、ただ「ありがとうございます」だけよりも、厚意をいただいた相手に対する感謝の気持ちが明確に伝わります。

◆相手の配慮に感謝する

格別のご配慮をいただき……

- **実例** 格別のご配慮をいただき、ありがとうございます。
- **言い換え** お心にかけていただき、感謝の気持ちでいっぱいです。
- **MEMO** 何に対しての配慮なのか、対象を添えると感謝の気持ちがより強く伝わります。具体的に「○○をしていただき」と対象を特定できないときに便利なフレーズです。

1章 シーン別フレーズ／お礼

◆厚意や配慮に対してお礼を言う

お心遣い痛み入ります。

実例 日頃よりのお心遣い、誠にありがたく、痛み入ります。

MEMO 相手の好意に対して、ありがたく恐れ多い気持ちを表すフレーズ。「痛み入ります」は「恐縮です」「恐れ入ります」と同意です。

◆相手のしてくれたことにお礼を言う

お世話になり……

実例 このたび○○の件では大変お世話になり、ありがとうございました。

MEMO 相手が何かしてくれたことに対してお礼を言いたい場合の万能のフレーズ。

◆相手がわざわざしてくれたことへの感謝を伝える

お骨折りいただき……
（ほねお）

実例 ○○様にはいろいろとお骨折りいただき、感謝の言葉もありません。

言い換え ○○様のご尽力（じんりょく）のおかげです。心より感謝申し上げます。

MEMO 「骨を折る」とは「苦心して人の世話をする」の意味。ただ「ありがとうございます」だけよりも、相手の労をねぎらう気持ちが表れて、相手も報われた気持ちになります。

◆厚意の大きさを表す

ひとかたならぬ……

実例 このたびは、ひとかたならぬご支援をいただき、心より感謝いたします。

MEMO 相手がしてくれた厚意の大きさを表す言葉。「ひとかたならぬ」とは「並々ではない」という意味。「多大な」「格別の」と言い換えても可。

◆相手の細かな心遣いへの感謝を伝える

ご丁寧に～いただき……

実例 このたびはご丁寧にお訪ねいただき、本当にありがとうございました。

MEMO 期待以上の配慮をいただいたときに添える言葉。ただし、「そこまでしなくてもいいのに」というニュアンスに受け取られることもあるので注意が必要です。

◆金品をいただいたときのお礼

過分なお志をいただきまして……
（かぶん）（こころざし）

実例 このたびは過分なお志をいただき、感謝の言葉もございません。

MEMO 「志」とは金品のこと。あからさまに「お金をいただいて」と言うのではなく遠回しにお礼を述べるときに便利なフレーズとして覚えておきましょう。

1章 シーン別フレーズ／お礼

◆相手を立ててお礼を述べる①

> # これも○○様の○○のおかげです。

- **実例** 最後まであきらめずに来られたのは、○○様の励ましのおかげです。
- **言い換え** ○○様がいなければ、ここまでできませんでした。
- **MEMO** 「ほかならぬあなたのおかげ」という気持ちを添えることで、相手も手伝ってよかったと満足できます。

◆相手を立ててお礼を述べる②

> # ○○さんにお願いして正解でした。

- **実例** こんなに早くできるとは思いませんでした。○○さんにお願いして正解でした。
- **MEMO** 「他の人ではこうはいかなかっただろう」というニュアンスを込めたお礼のフレーズです。思った以上の結果につながったときなどに使います。

◆援助に対してお礼を述べる

> # 本当に助かりました。

- **実例** お忙しい中、お手伝いいただいて、本当に助かりました。
- **MEMO** 人に協力してもらったときや手伝ってもらったときに、実感を込めて言いたいお礼のフレーズです。

SCENE 03 ほめる・称賛する

相手への敬いや称賛の気持ちを上手に表すフレーズは、上手に使えば人間関係を円滑にしてくれます。お世辞と思われないよう、さりげなく書くのがポイントです。

◆感謝を伝えたいとき

○○さんのおかげで……

実例 ○○さんのおかげで会議に間に合いました。ありがとうございます。

MEMO ただありがとうだけでなく「〜さんのおかげで」と相手を特定することで、より強い感謝とねぎらいの気持ちが伝わります。

◆相手の苦労をねぎらう

さぞかし大変なことと推察(すいさつ)します

実例 さぞかし大変なことと推察します。ありがとうございました。

MEMO 急ぎの仕事を頼んだときなどに、相手の大変さに理解とねぎらいを込めて感謝の気持ちを伝えます。

◆信頼を表す

頼りにしています。

実例 ○○さんがいれば安心です。頼りにしています。

MEMO お願いごとの際に添えると効果的なフレーズ。嫌味にならないように使えば、相手のやる気を引き出すことができます。

◆称賛の気持ちを表す

誇りに思います。

実例 ○○の件で□□さんとご一緒できたことを誇りに思います。

言い換え ○○さんの仕事ぶりには深く感銘を受けました。

MEMO 相手への称賛を示すフレーズです。「さすがですね」「すごいですね」よりもかしこまった印象があります。「感銘」はいつまでも心に残るほどの感動の意味。

◆ともに仕事をした相手を称賛する

ご一緒できて光栄です。

実例 このプロジェクトで○○さんとご一緒できて光栄です。

言い換え ○○様の堂々とした交渉ぶりには、すっかり感服いたしました。

MEMO 相手への尊敬が伝わるフレーズです。相手に好感を与え、また誘おうという気持ちにさせます。

◆うまくいった感謝を伝える

〜してよかったです。

実例 ○○さんにお願いしてよかったです。

MEMO ほかならぬあなたに感謝を伝えたいという気持ちがストレートに伝わります。ただ「ありがとう」と書かれるよりも、このほうが嬉しいものです。

◆信頼して任せる①

安心してお任せできます。

実例 ○○さんなら安心してお任せできます。

MEMO 相手への信頼感を表しつつお願いするフレーズ。「お願いします」だけよりも、相手のやる気を引き出し、よりよい成果につながります。

◆信頼して任せる②

○○さんにしか頼めません。

実例 この仕事は○○さんにしか頼めません。

MEMO ある程度重要な仕事を依頼するときにおすすめの表現。「ほかならぬあなたにお願いしたい」という気持ちが伝わることで、相手も責任感を持って取り組む気になります。

◆第三者の評価をまじえてほめる

> ## ○○さんもほめていました。

実例 ○○部長も、すごいとほめていました。

言い換え ○○さんも感心していました。

MEMO 第三者にほめられると、お世辞ではなく本当に認められた感があり、嬉しいものです。

◆目上の人をほめる

> ## とても勉強になります。

実例 ○○さんとお仕事をしていると、とても勉強になります。

MEMO 目上の人をほめるときに便利なフレーズです。「ご苦労さま」「参考になりました」は目上の人には失礼になりますから要注意。

mini COLUMN

感謝やほめるフレーズで親近感がアップ

　ビジネスメールはなるべくシンプルにわかりやすく、しかも失礼のない丁寧な言葉遣いで書くのが基本。でも、用件だけのメールではよそよそしい印象を与えてしまうこともあります。そんなときは「手土産でいただいたお菓子、とてもおいしかったです」「名刺のデザインがユニークで印象に残りました」など、感謝やほめるフレーズを加えると、ぐっと親近感が増します。本人とあまり親しくないなら、オフィスの雰囲気や周辺の環境などを話題にしてもいいでしょう。「先日訪れたオフィスは眺めが最高でしたね」など、なんらかの話題が見つかるはずです。

SCENE 04 相手をいたわる

災害や病気などに遭った相手を気遣ったり、元気づけたりするフレーズです。とはいえ、多用すると社交辞令的になってしまうので、注意しましょう。

◆締めの決まり文句

> **くれぐれもご自愛(じあい)ください。**

- **実例** 寒い日が続いていますので、くれぐれもご自愛ください。
- **言い換え** お大事になさってください。
- **MEMO** 「ご自愛」とは「自分の体を大事にする」の意味。お見舞いに限らず、ご機嫌伺いの手紙にも使えます。

◆健康状態を尋ねる

> **お加減(かげん)はいかがですか。**

- **実例** しばらく会社をお休みされているとのこと。その後お加減はいかがですか？
- **MEMO** 病気などのお見舞いの手紙によく使われるフレーズです。体の弱い方や高齢の方のご機嫌伺いにも使えます。

◆相手の家族が不幸に見舞われたとき

> ## ご心痛(しんつう)のほど……

実例 ご心痛のほどお察し申し上げます。

MEMO 「心痛」とは心配し心を痛めていること。相手の家族や親せきが災害や事故などの不幸に見舞われたときに、お見舞いや同情の気持ちを表すフレーズです。

◆回復を祈る

> ## 一日も早いご回復をお祈りしています。

実例 一日も早いご回復を心よりお祈りしています。

MEMO 相手が入院している場合などの、お見舞いの手紙のしめくくりによく使われるフレーズです。風邪や軽い怪我などのときに使うと、大げさすぎる印象になります。

◆回復まで長引くとき

> ## この際、十分な静養をなさるよう……

実例 この際、今までお休みになれなかった分、十分な静養をなさるよう願っております。

MEMO 入院して何日も休むような場合、相手も気分が沈むものです。焦らずゆっくり静養してほしいという気持ちを込めて励まします。

COLUMN

前文&末文の定番あいさつチャート 早わかり

前文や末文にはさまざまな「決まり文句」があります。状況に応じて
ふさわしい組み合わせを選びましょう。

❶前文で感謝を伝える

平素は	いろいろと	お世話になり（まして）	本当に	ありがとうございます。
日頃は	なにかと	ご心配をいただき（まして）	誠に	ありがたく存じます。
いつも	大変に	お心にかけていただき（まして）	厚く	御礼申し上げます。
常々		お気遣いいただき（まして）	深く	感謝申し上げます。
このたびは	格別の	ご高配	をいただき	心より	深謝申し上げます。
先日は	ひとかたならぬ	ご厚誼	にあずかり	心から	
過日は	並々ならぬ	ご懇情	を賜り	衷心より	
	多大な	ご愛顧			
		ご利用			
		ご用命			
		ご指導			
		ご激励			
		ご芳志			
		ご支援			
		ご協力			
		お力添え			

〈文例〉
- 平素は格別のご支援を賜り、厚く御礼申し上げます。
- 日頃はなにかとお気遣いいただき、心より感謝申し上げます。
- このたびは多大なご支援を賜り、誠にありがとうございます。

❷末文で今後のお付き合いを願う

今後とも	よろしく	お引き立て	のほど	お願い申し上げます。
今後も	いっそうの	お付き合い	くださいますよう	お願いいたします。
これからも	倍旧の	ご助言	を賜りますよう	
	変わらぬ	ご厚誼	をいただきますよう	
	末永い	ご指導	を賜りたく	
		ご高配		
		ご愛顧		
		ご利用		
		ご用命		
		ご支援		
		ご協力		
		お力添え		

〈文例〉
- 今後ともよろしくお付き合いのほどお願い申し上げます。
- これからも倍旧のお引き立てをいただきますようお願い申し上げます。
- 今後も変わらぬご愛顧を賜りますようお願いいたします。

❸前文で相手の安否を気遣う

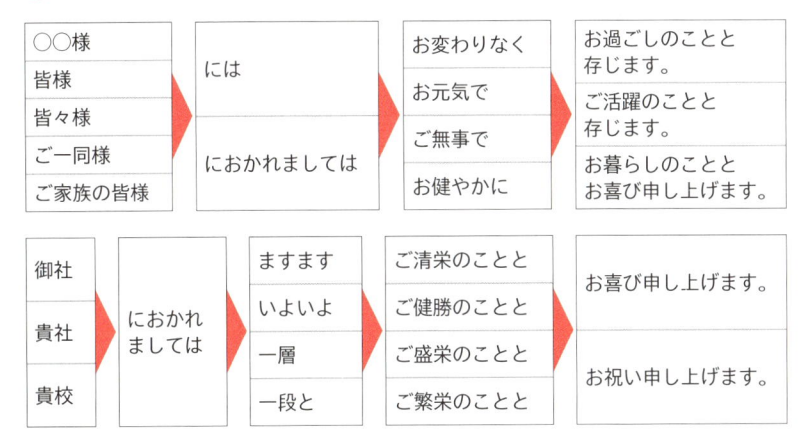

○○様 皆様 皆々様 ご一同様 ご家族の皆様	には におかれましては	お変わりなく お元気で ご無事で お健やかに	お過ごしのことと存じます。 ご活躍のことと存じます。 お暮らしのこと お喜び申し上げます。

御社 貴社 貴校	におかれましては	ますます いよいよ 一層 一段と	ご清栄のこと ご健勝のこと ご盛栄のこと ご繁栄のこと	お喜び申し上げます。 お祝い申し上げます。

〈文例〉
- 皆様におかれましてはお元気でお過ごしのことと存じます。
- 貴社におかれましてはますますご清栄のこととお喜び申し上げます。

❹末文で用件を知らせる締めの言葉

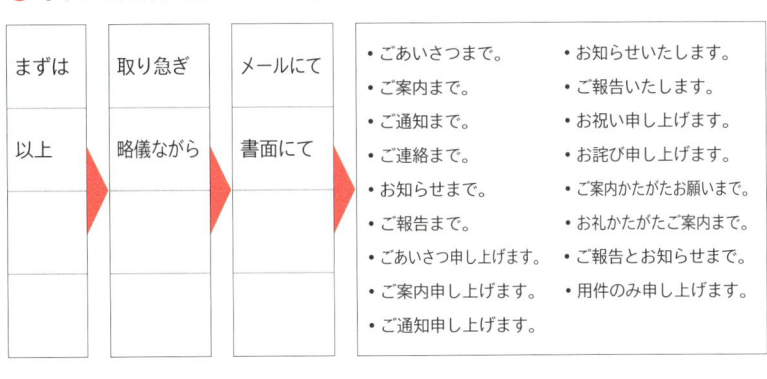

まずは 以上	取り急ぎ 略儀ながら	メールにて 書面にて	・ごあいさつまで。　・お知らせいたします。 ・ご案内まで。　・ご報告いたします。 ・ご通知まで。　・お祝い申し上げます。 ・ご連絡まで。　・お詫び申し上げます。 ・お知らせまで。　・ご案内かたがたお願いまで。 ・ご報告まで。　・お礼かたがたご案内まで。 ・ごあいさつ申し上げます。　・ご報告とお知らせまで。 ・ご案内申し上げます。　・用件のみ申し上げます。 ・ご通知申し上げます。

〈文例〉
- まずは取り急ぎ書面にてご案内まで。
- 以上、取り急ぎ用件のみ申し上げます。
- 以上、略儀ながら書面にてお祝い申し上げます。

頭語と結語を正しく使おう

手紙の最初に書く「拝啓」や「前略」を頭語と言います。これに対応する「敬具」「草々」などの言葉を結語と言います。

頭語と結語のきほん

❶意味
「頭語」には「今からあなたに謹んで申し上げます」の意味、「結語」には「以上、謹んで申し上げました」の意味があります。

❷組み合わせ
「頭語」と「結語」には〈拝啓→敬具〉〈前略→草々〉のように、決まった組み合わせがあります。

❸使い分け
相手の立場（目上、目下、対等など）やシチュエーションによって、適切な「頭語」と「結語」を使い分けましょう。

頭語と結語の組み合わせ

拝啓 拝呈 啓上 ➡ 敬具 拝具 かしこ（女性）★
一般的な手紙に使います。

謹啓 謹呈 恭啓 ➡ 謹白 謹言 敬白 かしこ（女性）
目上の人に出す手紙、あらたまった手紙に使います。

拝復 復啓 謹答 ➡ 敬具 敬白 拝具 かしこ（女性）
相手からもらった手紙に返信をするときに使います。

急啓 急白 急呈 ➡ 草々 不一 かしこ（女性）
緊急性を要する手紙に使います。

前略 冠省 略啓 ➡ 草々 早々 不一 かしこ（女性）
ごく親しい相手に出す手紙に使います。内容的にもカジュアルな場合が多いといえます。

★女性に限って使える結語に「かしこ」があります。頭語には何を選んでもかまいません。頭語を省略して、「かしこ」で結ぶという使い方もできます。

★親しい人への手紙では、堅い印象を与えないために頭語と結語を省略することもあります。なお、メールでは頭語と結語は不要です。

第2章

お願い・相談するときのフレーズ

- お願い・依頼する
- 交渉する
- 催促する

お願い&説得するときの書き方

用件だけでは冷たく感じられます。相手が、喜んで引き受けたくなるような言い回しを覚えましょう。

　お願いや説得をするときの書き方のポイントは、「相手をその気にさせること」です。同じ内容でも、上から目線やそっけない命令口調で言われるのは、たとえ相手が上司やクライアントであっても、あまりいい気分はしないもの。だからこそ、相手への信頼や期待を示し「あなたにしかできない」「あなただからこそお願いしたい」という気持ちを込めることで、少々大変なお願いでも案外気持ちよく引き受けてもらえるのです。

　また、対面でお願いする場合と違って、文書でのやりとりはこちらが思っている以上に冷たく感じるもの。最後にひと言、相手を思いやるフレーズを加えるだけでだいぶ印象も変わるので、ちょっとしたねぎらいの言葉を加えるのを忘れないようにしましょう。

POINT

- ☐ 相手をその気にさせるフレーズを加える。
- ☐ 自分のほうが立場が強くても、上から目線、命令口調は避ける。
- ☐ 信頼や期待する気持ちを表すと、相手もそれに応えようとしてくれる。
- ☐ 「あなただからこそ」の気持ちを込める。

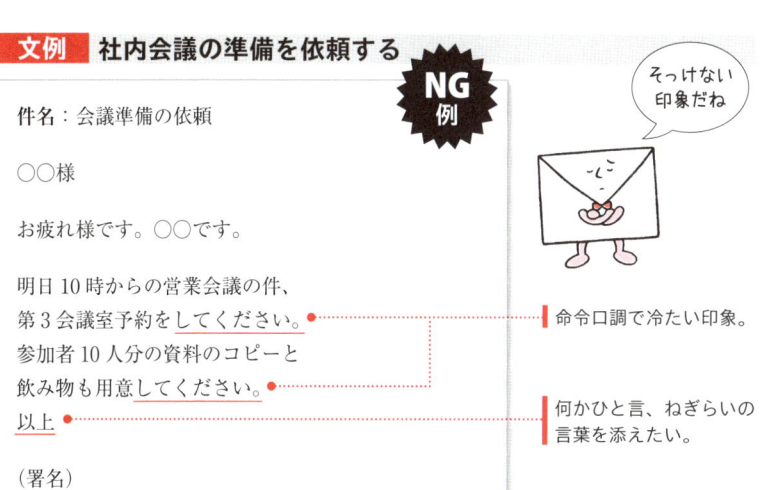

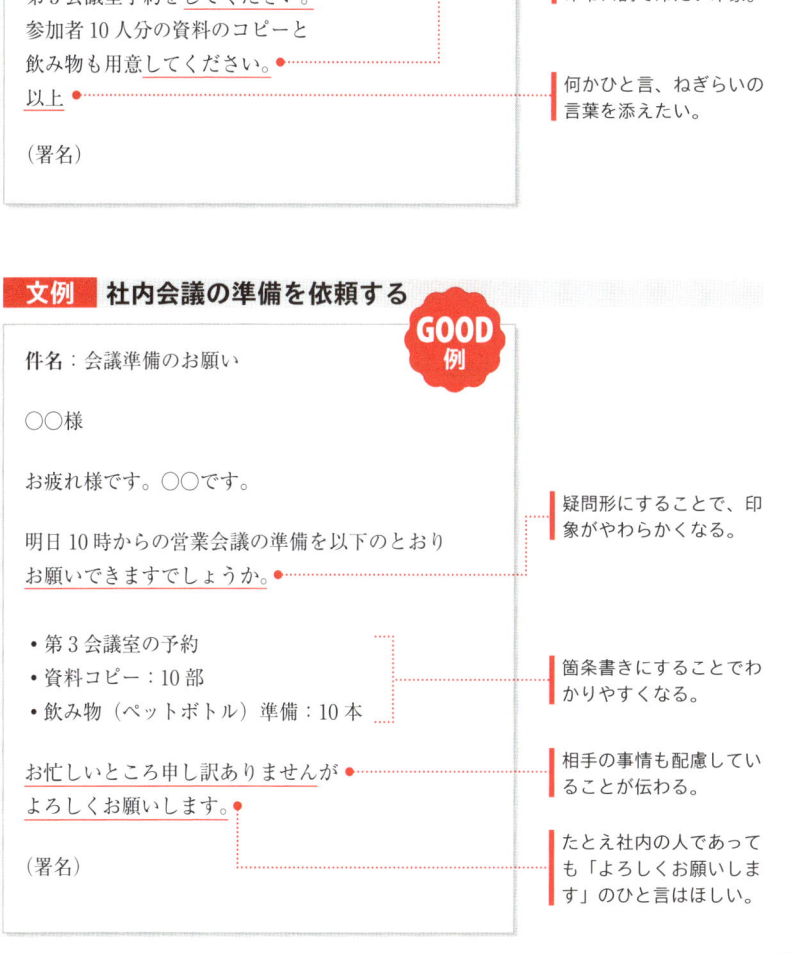

文例　社内会議の準備を依頼する　【NG例】

件名：会議準備の依頼

○○様

お疲れ様です。○○です。

明日10時からの営業会議の件、
第3会議室予約を<u>してください。</u> ← 命令口調で冷たい印象。
参加者10人分の資料のコピーと
飲み物も用意<u>してください。</u>
<u>以上</u> ← 何かひと言、ねぎらいの言葉を添えたい。

（署名）

文例　社内会議の準備を依頼する　【GOOD例】

件名：会議準備のお願い

○○様

お疲れ様です。○○です。

明日10時からの営業会議の準備を以下のとおり
<u>お願いできますでしょうか。</u> ← 疑問形にすることで、印象がやわらかくなる。

- 第3会議室の予約
- 資料コピー：10部
- 飲み物（ペットボトル）準備：10本

← 箇条書きにすることでわかりやすくなる。

<u>お忙しいところ申し訳ありませんが</u> ← 相手の事情も配慮していることが伝わる。
<u>よろしくお願いします。</u>

（署名）

← たとえ社内の人であっても「よろしくお願いします」のひと言はほしい。

SCENE 01 お願い・依頼する

依頼をするときに大切なのは、相手に何をしてほしいのかを的確に伝えることと、相手が喜んで引き受けてくれるような言い回しを心がけることです。

◆依頼する

お願いいたします。

実例 ○○の件、よろしくお願いいたします。

MEMO 人に何かをお願いするときに使う基本的なフレーズです。強調するときは、「ぜひ」「ぜひとも」「何卒(なにとぞ)」をつけ、「お願い申し上げます」と続けると効果的です。

◆より丁寧に依頼する

ご依頼申し上げます。

実例 至急資料をご送付いただきたく、ご依頼申し上げます。

MEMO 「お願いします」よりもあらたまった印象があります。事務的な響きもあり、簡潔に要望を伝えたいときによく使われるフレーズです。

◆遠回しにお願いする

ご一考願えますでしょうか。
（いっこう）

実例 お忙しいところ大変恐縮ですが、ご一考願えますでしょうか。

言い換え 申し訳ありませんが、時間の変更をお願いできますでしょうか。

MEMO 遠回しにお願いをするときのフレーズです。「〜していただけないでしょうか」と語尾を疑問形にすることで、結論を相手にゆだねることになり、「〜してください」と言うよりも印象が柔らかくなります。

◆対応を求める

善処いただきますよう……
（ぜんしょ）

実例 欠品について、至急善処いただきますようお願い申し上げます。

MEMO 「善処」とは誠意をもって適切に対応すること。相手に対して、迅速で誠意のある対応をしてもらいたいことを、やんわり伝える場合のフレーズです。

◆控えめにかつ強く依頼する

〜いただければと存じます。

実例 お忙しいところ大変恐縮ですが、早めにご回答いただければと存じます。

MEMO 「〜できれば……」と控えめな表現ではありますが、「〜してください」と要望をしっかり伝えたいときに使うフレーズです。

◆要望を切り出す

恐れ入りますが……

- **実例** 恐れ入りますが、1週間以内にご回答いただけないでしょうか。
- **言い換え** 大変恐縮ですが、1週間以内にご回答いただけないでしょうか。
- **MEMO** いきなり要望を切り出すよりも、このようなクッション言葉を使うことで、相手への配慮が伝わります。相手も心の準備ができ、要望を聞き入れやすくなります。

◆毎度のお願いを詫びつつ依頼する

いつもお願いばかりで恐縮ですが……

- **実例** いつもお願いばかりで恐縮ですが、来週の会場の手配を何卒よろしくお願いいたします。
- **MEMO** このところお願いばかりが続いているなというときに、「こちらとしても恩を忘れていませんよ」ということを暗に伝えながら依頼するフレーズです。

◆言いにくいことを依頼する①

誠に申し訳ないのですが……

- **実例** 誠に申し訳ないのですが、明日までに納品していただけないでしょうか。
- **MEMO** 無理を承知でお願いをするときに、「すみませんがお願いします」という気持ちを伝えるフレーズです。

◆言いにくいことを依頼する②

申し上げにくいことですが……

- **実例** 申し上げにくいことですが、再度デザイン変更をお願いできないでしょうか。
- **言い換え** 無理を承知でお願い申し上げますが……
- **MEMO** 相手が嫌がることをわかっていてあえてお願いしなければならない場合に使うフレーズです。「誠に申しかねますが」と言い換えても可。

◆言いにくいことを依頼する③

誠に厚かましいお願いですが……

- **実例** 誠に厚かましいお願いですが、サンプルを余分にいただくことは可能でしょうか。
- **言い換え** 不躾(ぶしつけ)なお願いですが……
- **MEMO** 「厚かましい」とは、ずうずうしい、遠慮がないという意味。「ずうずうしいお願いとは承知のうえでお願いします」という低姿勢のお願いフレーズです。

◆身勝手なことをお願いする

誠に勝手なお願いで……

- **実例** 誠に勝手なお願いで恐縮ですが、明日の朝もう一度ご来社いただけますでしょうか。
- **言い換え** 心苦しいお願いですが……
- **MEMO** 身勝手なことを、ダメもとでお願いする場合に使うフレーズ。ビジネスではよく使われる、お願い時の定番フレーズです。

◆迷惑とわかってお願いする

ご迷惑も顧(かえり)みずのお願いで……

実例 ご迷惑を顧みずのお願いで大変恐縮ですが、ぜひご検討いただけないでしょうか。

MEMO 迷惑とわかっていてもお願いしなければならない場合に使うフレーズです。

◆急な依頼を詫びる

急なお願いで……

実例 急なお願いで大変申し訳ないのですが、今日中にご回答をいただければと存じます。

MEMO 急いで相手に何かをしてもらいたいときのフレーズです。なお、至急の場合は、メールではなく電話で直接話します。

◆突然の依頼を詫びる

突然のお願いで……

実例 突然のお願いで大変恐縮ですが、○○さんに当社の出展物への推薦文をお寄せいただきたくお願い申し上げます。

言い換え 唐突なお願いで……

MEMO 面識のない人や、はじめて頼みごとをする相手に向けた依頼のクッション言葉です。なぜその人に依頼するのかの理由も添えると、相手も納得感が得られるでしょう。

◆特定の相手に依頼する

ほかならぬ○○様に……

実例 本件に関しては、ほかならぬ○○様に、ぜひお願いしたいのです。

MEMO 相手への敬意を込めて、誰でもいいのではなく、「あなたにこそ」お願いしたいという気持ちを伝えます。

◆理解を求める

どうか事情をお察しいただき……

実例 どうか事情をお察しいただき、前向きにご検討いただければ幸いです。

MEMO こちら側の事情をひと通り説明し、相手に対し理解や同情を求めるときによく使われるフレーズです。

◆理解を求めたうえで依頼する

諸事情ご勘案(かんあん)のうえ……

実例 諸事情ご勘案のうえ、ぜひお引き受けいただければと存じます。

言い換え 諸般の事情をお汲み取りいただき……

MEMO 「勘案」とはあれこれ考え合わせてという意味。こちら側の事情を理解してもらったうえで、承諾してほしいときによく使われるフレーズです。

◆相手の事情を汲み取りながら依頼する

お手すきのときにでも……

実例 お手すきのときにでもお目通しいただき、ご意見を頂戴できればと思います。

MEMO 「お手すきのとき」とは時間の余裕があるときという意味。急ぎではない依頼のときに使うフレーズです。相手の都合を優先する心遣いが好感度を高めます。

◆仲介を依頼する

お取りなしのほど……

実例 よろしく、お取りなしのほどお願い申し上げます。

MEMO 「取りなし」とは、立場の異なる二者の間に入って仲を取り持つこと、うまく折り合いをつけること。仲裁を依頼するとき、人を紹介してもらうときなどに使います。

◆強く依頼する①

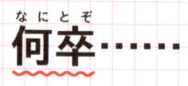

何卒(なにとぞ)……

実例 何卒よろしくお願い申し上げます。

MEMO 「何卒」は、どうか、ぜひともという意味。相手に強く依頼するときの決まり文句です。目上の人に対しても使える、かしこまった表現です。

◆強く依頼する②

切(せつ)に……

実例 切にお願い申し上げる次第です。

MEMO 「切に」とは心に強く思うこと。「心から」「心より」とも言い換えられますが、「切に」と言ったほうがより切羽詰った感じがあり、強い印象が伝わります。

◆強く依頼する③

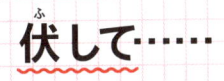

伏(ふ)して……

実例 伏してお願い申し上げます。

MEMO 「伏して」とは、「切に」「謹んで」の意味。頭を下げているイメージもあり、強く依頼する気持ちが伝わります。

◆控えめに依頼する①

～していただけると助かります。

実例 明日までにお送りいただけると助かります。

MEMO 「できれば～していただきたい」というへりくだった気持ちが感じられ、相手に押しつけがましさを感じさせない依頼のフレーズです。

◆控えめに依頼する②

〜いただけると幸いです。

- **実例** 今後は、メールでご連絡いただけると幸いです。
- **言い換え** 〜いただけるとありがたいです。
- **MEMO** 「お引き受けいただくのは難しいかもしれませんが、可能であれば……」というニュアンスを込めた、控え目なお願いのフレーズです。

◆控えめに依頼する③（かしこまった表現）

〜いただけると幸甚(こうじん)です。

- **実例** ご臨席(りんせき)いただけると幸甚です。
- **MEMO** 「幸甚」とはこのうえない幸せのこと。ビジネスでよく使われます。「幸いです」よりもかしこまった言い回しです。

◆教えてほしい①

ご教示(きょうじ)ください。

- **実例** 不勉強なものですから、次回ぜひご教示ください。
- **MEMO** 「教示」とは教え示すこと。「教えてください」の丁寧な言い方としてビジネスでよく使われます。

◆ 教えてほしい②

お知恵を拝借(はいしゃく)させていただきたく……

実例 この件についてお詳しい○○さんのお知恵を拝借させていただきたく存じます。

MEMO 「教えてほしい」というよりも、「知恵を拝借（お借りしたい）」ということで相手を高めることになり、尊敬の念が伝わります。

◆ 指導してほしい

ご指導ご鞭撻(べんたつ)のほど……

実例 ご指導ご鞭撻のほどお願い申し上げます。

MEMO 「鞭撻」とは強く励ますこと。目上の人に向かって「がんばります」という気持ちを伝え、指導を仰ぐときのへりくだったフレーズです。

◆ 来ていただきたい

ご足労(そくろう)をおかけします。

実例 このたびはご足労をおかけしますが、当社までお運びいただければと思います。

MEMO わざわざ来ていただくときに、ねぎらいの気持ちを込めてよく使う言葉です。「来ていただく」に代わる、「お運びいただく」という表現も覚えておきましょう。

SCENE 02 | 交渉する

交渉で大切なのは、言いなりになることなく、また、強引に自分の意見を押し通すのでもなく、妥協点を探り出すこと。あまりへりくだることなく、相手にも失礼にならないフレーズを身につけましょう。

◆代案を提示する

代わりに○○はいかがでしょうか。

実例 代わりにA案で様子を見てはいかがでしょうか。

MEMO 相手と意見が合わない場合、代案を出して妥協点を探るときに使うフレーズです。「いかがでしょうか」と言うことで押しつけがましく感じさせないことがポイントです。

◆言いにくいことを依頼する

〜はごもっともですが……

実例 ○○さんのおっしゃることはごもっともですが、実際のデータを見ると……

MEMO 相手の言うことに賛成できなくても、頭から否定せずに一度肯定してから自分の意見を切り出します。

◆交渉がうまくいかなかったとき

また次の機会に……

実例 今回は残念でしたが、また次の機会によろしくお願いいたします。

MEMO 交渉が成立しなかったからといって、それで人間関係が終わるわけではありません。次につなげることでお互いの心の負担も軽くなります。

◆難しいことを要求する

無理を承知で申しますが……

実例 無理を承知で申しますが、どうしてもこの金額でお願いできないでしょうか。

MEMO 「勝手なお願いとはこちらも十分承知していますが」という気持ちを込めた表現です。控えめでありながら、強い要望を相手に伝える言い方です。

◆無理を承知で依頼する

ほかならぬ○○さんだからこそ……

実例 ほかならぬ○○さんだからこそお願いしています。もう一度条件を考え直していただけないでしょうか。

MEMO 交渉を少しでも有利に進めるためには、相手を持ち上げることも必要。頼りにされていると感じ、相手も悪い気はしません。

SCENE 03 催促する

約束を守らない、払うべきものを払わないなど、催促をしなければならない場面で、相手を不快にさせないよう上手にこちらの要求を伝えるポイントを押さえましょう。

◆経過を尋ねる

その後いかがでしょうか。

実例 ご検討いただいているお見積りの件、その後いかがでしょうか。

言い換え いかがなりましたでしょうか。

MEMO 相手に状況を遠回しに尋ねる形をとった、催促フレーズです。「いかが」とすることで、「どうなっていますか？」よりもソフトな印象になります。

◆心配していることを伝える

〜と案じております。

実例 その後ご連絡をいただいておらず、いかがされたかと案じております。

MEMO 「案じる」とは、あれこれ気にかけて心配するという意味。相手を責めないよう気遣いながら、遠回しに連絡なり対応を求めるフレーズです。

◆確認を求める

> ～について、
> ご確認いただけますでしょうか。

実例 ○月○日にご依頼した件について、ご確認いただけますでしょうか。

MEMO 状況を尋ねるだけでは反応が鈍い場合、具体的に確認を依頼するという形で、遠回しに催促をするフレーズです。

◆急がせる

> 急かすようで申し訳ありませんが……

実例 急かすようで申し訳ありませんが、なるべく早くのご回答をお待ちしております。

MEMO 角が立たないように早急な対応を促す場合のフレーズです。急かしてすみませんと詫びることで、相手を追い詰めず、ソフトな印象になります。

◆日程を確認しつつ催促

> お約束の期日を過ぎてもまだ……

実例 お約束の期日を過ぎてもまだ、何のご連絡もいただいておりません。

言い換え お願いしておりました○月○日を過ぎておりますが～

MEMO 期日が過ぎていることを相手に意識させ、対応を促すフレーズです。どれだけ遅れているか強く意識させたい場合は、○月○日と日付を明示します。

◆相手に逃げ場を用意して催促する

何かの手違いかとも存じますが……

実例 何かの手違いとも存じますが、未だにご入金いただいておりません。

MEMO 誰にでも手違いはあるという前提で相手に逃げ場を残しながら、遠回しに対応の遅れを非難し、催促するフレーズです。

◆相手の事情をみながら催促する

いろいろとご事情はおありでしょうが……

実例 いろいろとご事情はおありでしょうが、ご確認くださいますようお願いいたします。

MEMO 催促の前に、相手の事情を思いやる気持ちを示すことで、印象をやわらげます。

◆相手の逃げ場を用意して催促する

ご多忙のためのご失念かと存じますが……

実例 ご多忙のためのご失念かとは存じますが、品物がまだ届いておりません。

言い換え ご繁忙のためと拝察いたしますが……

MEMO 「忙しくて、うっかり忘れたのかもしれませんが」と前置きすることで、相手を直接非難することなく、遠回しに催促を促すフレーズです。

◆相手の誠意のなさを指摘する

何らご連絡をいただいていません。

実例 期日を過ぎておりますが、何らご連絡をいただいていません。

言い換え ご連絡をいただけないまま、何日も過ぎております。

MEMO 遠回しな催促だけではらちがあかないこともあります。連絡もないことを非難しつつ対応を促すときのフレーズです。

◆苦境を訴える①

大変困惑しております。

実例 何らご連絡もいただけず、大変困惑しております。

言い換え 苦慮している次第です。

MEMO 「困惑」「苦慮」は「困っている」のかしこまった言い方。困っている状況を訴えることで、対応を促します。

◆苦境を訴える②

不都合をきたしております。

実例 今後の見通しが立たず、不都合をきたしております。

MEMO 迷惑を被っていることを端的に伝えることで、相手の対応を促します。

◆苦境を訴える③

支障をきたしかねません。

実例 これ以上遅れますと、当方の営業にも支障をきたしかねません。

MEMO 「支障」とは差支え、「きたす」はある状況を発生させるという意味。「きたしかねない」と、迷惑が及ぶことを予測させて、相手の対応を促します。

◆急ぎの対応を求める

至急の連絡を……

実例 メールにて、至急の連絡をお願い申し上げます。

言い換え 速やかにご連絡をお願い申し上げます。

MEMO 「至急」「速やかに」は「すぐに」のかしこまった表現。相手にプレッシャーをかけて急がせるときに効果的なフレーズです。

◆再度対応を求める

あらためて……

実例 あらためて○日必着で、ご送付くださるようお願いいたします。

MEMO 一度仕切り直して、あらたに対応を求めるフレーズです。

◆誠意を求める

誠意ある対応を……

実例 誠意ある対応をしていただきますようお願い申し上げます。

MEMO 相手に誠意が見られないことを非難するフレーズです。何日も返事がない、何度か催促したのに連絡がないときに、強めの要求として使います。

mini COLUMN

末文で相手の返事を促す定番フレーズ

相手の返答を求めることはビジネスでよくあるシーン。定番フレーズを覚えておくと便利です。

お手数ですが	ご確認のうえ	ご返信を	お願いします。
恐縮ですが	ご検討のうえ	ご返事を	お願いいたします。
		ご回答を	
恐れ入りますが	折り返し	ご返事をくださるよう	お願い申し上げます。
	至急	ご連絡いただけますよう	お待ちしております。
	○月○日までに	ご返答賜るよう	お待ち申し上げます。

〈文例〉
- お手数ですが、ご確認のうえ、ご返信をお願いいたします。
- 恐縮ですが、ご検討のうえ、ご連絡いただけますようお願い申し上げます。
- 恐れ入りますが、至急ご回答をお願い申し上げます。

COLUMN

感じよく伝わる書き換えフレーズ

人に何かを伝えるとき、表現ひとつであなたの印象は大きく変わります。
ビジネスで頻出するフレーズの、感じのいい書き換え例を覚えましょう。

NG → **OK**

◆メールの書き出し①

ご苦労様です。 → お疲れ様です。

MEMO　「ご苦労様」は目下の人に対して使う表現です。ビジネスシーンでは極力使わないようにしましょう。

◆メールの書き出し②

お世話様です。 → いつもお世話になっております。

MEMO　「お世話様」は目下の人に対して使う表現。メールとはいえ、冒頭のあいさつは気持ちよく始めたいもの。省略せず、きちんと述べましょう。

◆OKを伝えるとき①

わかりました。 → 承知しました。

MEMO　「わかりました」は敬語ではありません。目上の人には「承知しました」や「承知いたしました」が適切です。「うけたまわりました」と言い換えてもOKです。

◆OKを伝えるとき②

了解です。 → かしこまりました（承知しました）。

MEMO　「了解」という言葉自体には尊敬の意味はありません。目上の人には使わないように注意しましょう。

◆相手の提案に対して
すみません、助かります。 → ありがとうございます。お言葉に甘えさせていただきます。

MEMO 相手の好意を素直に受けることも時には大事。お礼は「すみません」ではなく「ありがとうございます」で。

◆相手をほめるとき
さすがですね！ → ○○さんのお仕事ぶりにはいつも感心いたします。

MEMO ただ「さすが」「すごい」というのでは、口先だけのお世辞に聞こえることも。どんなところに感心しているのかを具体的に示すと、好感度がアップします。

◆予定変更の確認をするとき
この前○○と言いましたよね？ → ○○とお聞きしたと思っていましたが、変更になったのでしょうか。

MEMO たとえ相手が間違っていたとしても、相手を責めず「変更になったのでしょうか」と遠回しに当初予定と違うことを伝えます。

◆お願いしたいとき
○○してください。 → ○○していただけると嬉しいのですが。

MEMO 「〜してください」は、状況よっては強い口調だととられかねません。「〜していただけると嬉しい」は相手に強要せずソフトな印象になります。

◆贈答品に添えて
つまらないものですが…… → 気に入っていただけると嬉しいのですが……

MEMO あまりへりくだりすぎるのも嫌味なもの。食べ物であれば「お口に合えば」と言い換えてもOKです。

「ありがとう」のボキャブラリーを増やそう

「ありがとう」は、伝えた側も伝えられた側も幸せになる魔法の言葉。
ボキャブラリーを増やして、いろいろな場面で多用しましょう。

ありがとう の書き換え例＆追加のひと言

- ◆ お礼の言葉もございません。
- ◆ （心より）感謝しています。
- ◆ お心遣いありがとうございます。
- ◆ ありがたい限りです。
- ◆ 重ねてお礼申し上げます。
- ◆ 感激しました。
- ◆ ○○さんのおかげです。
- ◆ ○○さんにお願いして正解でした。
- ◆ 私ひとりではできませんでした。
- ◆ こんなに嬉しいことはありません。
- ◆ おかげさまで○○できました。
- ◆ 助かりました。
- ◆ 嬉しく思います。
- ◆ 感謝の気持ちでいっぱいです。
- ◆ 光栄に思います（存じます）。
- ◆ 略儀ながら、まずは書面をもってお礼申し上げます。
- ◆ まずは取り急ぎお礼まで。

> いろんな「ありがとう」を使いこなそう！

第 **3** 章

報告・
連絡するときの
フレーズ

- 確認する
- 相談する
- 問い合わせる
- 問い合わせへの回答
- 承認する
- 案内する・誘う
- 受領・通知する
- 異動を知らせる
- 開業・廃業を知らせる
- 退職・転職を知らせる

正確に伝えるための書き方

誤解されずに伝えるためには、要点をもれなく正確に書くことが大前提。人によって解釈が異なるあいまいな表現は避けましょう。

問い合わせや依頼、注文などでファクシミリやメールを使用するときには、何よりも正確であることが求められます。いつ（When）、誰に（Who）、何を（What）、どこに（Where）、なぜ（Why）、どのように（How）してほしいのか、"5W1H"をもれなく書きましょう。

そして、固有名詞を間違えないことはもちろん、注文や金額の問い合わせでは、数量や金額を間違えず、正確に書くことは大前提です。

また、20ページでも述べたように「なるべく早く」「ちょっと多めに」「今月中に」など抽象的な言い方は、人によって解釈が異なり、トラブルのもととなるので使わないこと。

見やすく、わかりやすく書くことも、忘れてはいけないポイントです。箇条書きや表組などを使ってもいいでしょう。

POINT

- ☐ 5W1H（When いつ、Who 誰に、What 何を、Where どこに、Why なぜ、How どのように）をもれなく書く。
- ☐ 固有名詞、数量や金額は特に正確に書くこと。
- ☐ 受け取る人で解釈が異なる、あいまいな表現は避ける。
- ☐ 箇条書きなどで整理して書くと、もらさず伝えることができる。

文例　商品の発送を通知する

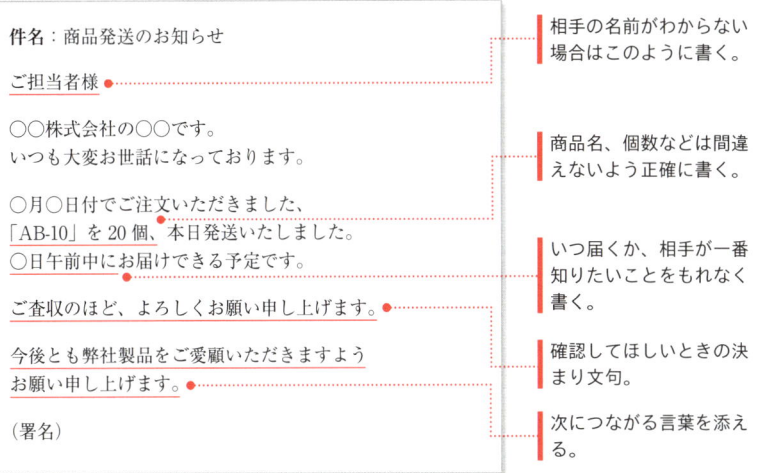

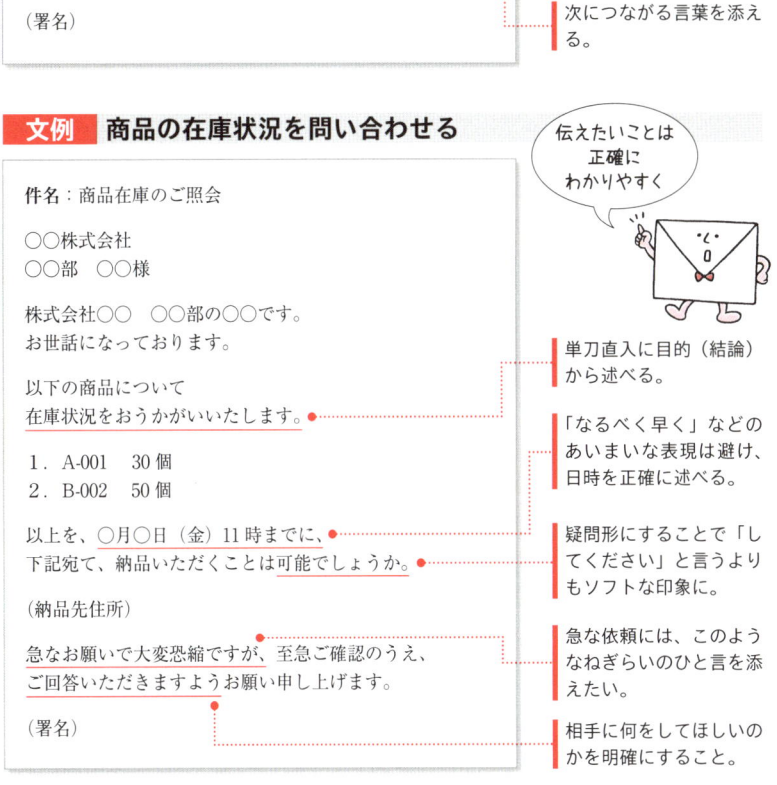

件名：商品発送のお知らせ

ご担当者様

○○株式会社の○○です。
いつも大変お世話になっております。

○月○日付でご注文いただきました、
「AB-10」を20個、本日発送いたしました。
○日午前中にお届けできる予定です。

ご査収のほど、よろしくお願い申し上げます。

今後とも弊社製品をご愛顧いただきますよう
お願い申し上げます。

（署名）

- 相手の名前がわからない場合はこのように書く。
- 商品名、個数などは間違えないよう正確に書く。
- いつ届くか、相手が一番知りたいことをもれなく書く。
- 確認してほしいときの決まり文句。
- 次につながる言葉を添える。

文例　商品の在庫状況を問い合わせる

伝えたいことは
正確に
わかりやすく

件名：商品在庫のご照会

○○株式会社
○○部　○○様

株式会社○○　○○部の○○です。
お世話になっております。

以下の商品について
在庫状況をおうかがいいたします。

1．A-001　　30個
2．B-002　　50個

以上を、○月○日（金）11時までに、
下記宛て、納品いただくことは可能でしょうか。

（納品先住所）

急なお願いで大変恐縮ですが、至急ご確認のうえ、
ご回答いただきますようお願い申し上げます。

（署名）

- 単刀直入に目的（結論）から述べる。
- 「なるべく早く」などのあいまいな表現は避け、日時を正確に述べる。
- 疑問形にすることで「してください」と言うよりもソフトな印象に。
- 急な依頼には、このようなねぎらいのひと言を添えたい。
- 相手に何をしてほしいのかを明確にすること。

3章　正確に伝えるための書き方

SCENE 01 | 確認する

ビジネスでは小さなミスも命とりになることがあります。それを防ぐためには、こまめに確認することが大事です。メールなど文書に残すことで、ミスを減らすことにもなります。

◆念を押す

〜で間違いないでしょうか。

実例 納品は10日の午前11時ということで間違いないでしょうか。

MEMO 口頭で確認しただけのことを、後日メールや文書で確認するときによく使うフレーズです。

◆間違っていないかを確認したいとき

念のため確認させてください。

実例 ○○の件について、念のため確認させてください。

MEMO あいまいなこと、うろ覚えのことなどについて、確認したいときに使えるフレーズです。

◆以前も同じことを聞いた可能性がある場合

> # 何度も申し訳ありませんが、念のため〜

実例 何度も申し訳ありませんが、念のため確認させてください。

MEMO 一度聞いたことをもう一度聞くのは気が引けるものです。最初にひと言お詫びの言葉を入れてから切り出すと印象が違います。

◆相手が間違っているかもしれないとき

> # 〜と認識しておりましたが……

実例 〜と認識しておりましたが、違っていましたでしょうか。

MEMO 相手を責めず、自分の方が間違っているかもしれないというニュアンスを持たせることで、謙虚な印象を与えます。

◆追加して確認したいとき

> # あと一点だけ……

実例 あと一点だけ確認させてください。

MEMO 「一点だけ」「ひとつだけ」と言われると忙しい相手も耳を傾けてみようかと思うものです。こう切り出した以上は、手短に簡潔に確認事項を述べることが大切です。

SCENE 02 相談する

人に何か相談するときは、相手がこの人のためなら答えてあげようと思えるような書き方にすることが大切です。相手の意見を上手に引き出しましょう。

◆相談を切り出すとき

> **少々お尋ねしたいのですが……**

- **実例** ××の件で少々お尋ねしたいのですが、ご確認いただいてもよろしいでしょうか。
- **MEMO** 「少々」は「少し」のかしこまった言い方。ちょっとした相談ごと、確認ごとを切り出すときに使えるフレーズです。

◆真剣な相談があるとき

> **折り入ってご相談があるのですが……**

- **実例** 先週ご提案いただいた案件について、折り入ってご相談があるのですが……
- **MEMO** 「折り入って」は、「特別に」「ぜひとも」の意味。目上の人などに、あらたまって相談事がある場合に使えるフレーズです。

◆目上の人に相談するとき

> # ご意見をうかがいたいのですが。

- **実例** ○○について、ご意見をうかがいたいのですが。
- **MEMO** 「うかがう」は「尋ねる」の謙譲語。何かについて教えてほしいとき、自分では迷って決断できないときに使えるフレーズです。

◆アドバイスをもらいたいとき

> # ご助言いただけないでしょうか。

- **実例** ○○について悩んでいるのですが、ご助言いただけないでしょうか。
- **言い換え** お知恵をお借りできないでしょうか。
- **MEMO** 単刀直入に助言を求めているところに好感が持てますが、外部の人に対しては馴れ馴れしい印象を与えるかもしれません。社内の上司や先輩などに限ったほうがいいでしょう。

◆相手の協力をお願いするとき

> # ～していただけると
> # ありがたいのですが。

- **実例** お手すきのときに、目を通しておいていただけるとありがたいのですが。
- **MEMO** 相手に協力してほしいときに使うフレーズ。「～してください」よりもソフトな印象になります。

SCENE 03 | 問い合わせる

問い合わせの手紙やメールを書くときは、相手が答えやすいように書くことがポイント。何についていつまでに答えてほしいのか、簡潔に用件を述べます。

◆問い合わせる①

お尋ね申し上げます。

実例 御社製品○○の入荷予定についてお尋ね申し上げます。

言い換え お問い合わせ申し上げます。

MEMO 質問や問い合わせをするときの一般的なフレーズです。

◆問い合わせる②

ご照会(しょうかい)申し上げます。

実例 貴社のお支払条件についてご照会申し上げます。

MEMO 「照会」とは問い合わせて確かめること。問い合わせたいという用件を簡潔に伝えるフレーズです。

◆教えてもらいたい

お教えいただきたく存じます。

- **実例** 先日いただきました計画書についてお教えいただきたく存じます。
- **言い換え** 先日いただきました計画書についてご教示ください。
- **MEMO** 「教えてください」のへりくだった言い方です。単なる問い合わせだけでなく、説明してほしい場合に使えるフレーズです。

◆返事を求める

ご回答いただければ幸いです。

- **実例** 次回の研修内容およびスケジュールについて、ご回答いただければ幸いです。
- **MEMO** 確実に回答をもらいたい場合のフレーズです。「してください」ではなく「幸いです」とすることで、相手の手を煩わせることに対する配慮が感じられます。

◆疑問点を問い合わせる

念のため
確認させていただきたく……

- **実例** 念のため確認させていただきたく、ご照会申し上げます。
- **言い換え** 今一度確認させていただきたくお願い申し上げます。
- **MEMO** 電話や口頭で話した内容について「この内容で間違いないですよね」と確認するときに使えるフレーズです。

◆やんわりと確認する

> ～については
> ご手配いただけたでしょうか。

- 実例　先日お願いした資料については、ご手配いただけたでしょうか。
- MEMO　相手がきちんと対応してくれたかどうか不安な場合、「どうなっていますか？」と角が立たないように尋ねるフレーズです。

◆メールの受信を確認する

> お送りしたメールは
> 届いておりますでしょうか。

- 実例　昨日お送りしたメールは届いておりますでしょうか。
- 言い換え　昨日お送りしたメールはご確認いただけたでしょうか。
- MEMO　メールが、他のメールに紛れていたり、エラーで未達になっていないか不安な場合、相手が返信を忘れている場合にも使えるフレーズです。

◆遠回しに教えを乞う

> お差し支えなければ教えてください。

- 実例　この件に関して、お差し支えなければ○○さんのご意見を教えてください。
- MEMO　相手が答えたくないかもしれないことを問い合わせる場合、「無理に答えなくてもかまいません」というニュアンスを込めたフレーズです。

◆質問をする

> **2、3質問をさせていただきたく……**

実例 先程の件について、2、3質問をさせていただきたくお尋ね申し上げます。

MEMO いきなり質問を切り出さず、冒頭にこのようなフレーズをはさむことで、相手も心の準備ができます。

◆急いで返事を求める

> **至急お知らせください。**

実例 通信トラブルの件、原因をお調べのうえ、至急お知らせください。

MEMO 「至急」とは大急ぎでの意味。すぐに対応してほしいときの決まり文句です。

◆期日を決めて返事を求める

> **○○までには〜くださるようお願い申し上げます。**

実例 先日問い合わせた件について、○月○日までにはご回答くださるようお願い申し上げます。

MEMO 期日を決めたほうが相手も動きやすいし、依頼する側も安心です。相手の負担にならないように適度な間隔をあけて日時を提示します。

◆急いで対応してほしい

折り返し〜いただきたく……

実例 折り返しご連絡いただきたくお願い申し上げます。

MEMO 「折り返し」とは間をおかず、すぐにの意味。なるべく早く対応してもらいたいときに使います。「すぐに」よりも柔らかい印象になります。

◆状況を尋ねる

いかが相成(あいな)っておりますでしょうか。

実例 先日、送付のお願いをいたしましたパンフレットの件、いかが相成っておりますでしょうか。

MEMO 依頼したことに対して、相手の反応がない場合などに、遠回しに状況を尋ねる言い方。「相成る」とは「なる」のあらたまった言い方です。

◆返事がほしい

ご一報くださいますようお願い申し上げます。

実例 必要なものがありましたらご一報くださいますようお願い申し上げます。

言い換え お返事をお待ちしております。

MEMO 「連絡をください」と丁寧にお願いするフレーズです。重要な連絡というよりは、簡単な回答を求める場合に使います。

SCENE 04 |問い合わせへの回答

問い合わせには、なるべく早く返答をすることが大事です。求められた期限までに回答できない場合でも、中間報告をすることで相手に安心感と信頼感を与えます。

◆返答の言葉

ご回答申し上げます。

- **実例** ○月○日の商品○○に関するご照会についてご回答申し上げます。
- **言い換え** ○○について、ご説明申し上げます。
- **MEMO** 照会に対して回答をするときの決まり文句です。最初に、いつの、何についての回答かを明示してから、回答を述べます。

◆相手の要望に応えられないとき

～となっております。

- **実例** あいにく、個人情報の詳細についてはお伝えできない規則となっております。
- **MEMO** 「～となっている」ということで、あらかじめ決まっているのでどうしようもないというニュアンスが伝わります。

◆クレームに応える

釈明申し上げます。

実例 ○月○日にご注文いただいた○○の納品の遅延について、釈明申し上げます。

MEMO 「釈明」とは、誤解や非難を解き、理解を求めること。クレームなどに対して回答するときなどに使います。

◆事情を説明する

～と判明いたしました。

実例 さっそく担当者に確認しましたところ、遅延の原因は、物流システムの故障によるものと判明いたしました。

MEMO 「判明」とは明らかになるという意味。問い合わせに対し、きちんと調べて対応したという印象が伝わります。

◆経緯を説明する

～に至った次第です。

実例 物流システムの故障に気づかず、発送作業を進めてしまったため、納期の遅れが生じるに至った次第です。

言い換え ～という顛末です。

MEMO 「～が原因で～という結果になった」と、そうなるに至った理由を説明するときに使うフレーズです。

◆残念な報告をする①

やむなく……

実例 復旧の見込みが立たず、やむなく中止とさせていただいた次第です。

MEMO 努力はしたものの、どうすることもできなかったというニュアンスを伝えるフレーズです。

◆残念な報告をする②

〜が現状です。

実例 精一杯努力しておりますが、現時点では○日までの完成は難しいのが現状です。

MEMO 努力はしているが、諸事情によってものごとが予定どおり進んでいないことを伝えるフレーズです。

◆残念な報告をする③

誠に残念ながら……

実例 鋭意制作中ですが、誠に残念ながら思うように進んでおりません。

MEMO 悪い結果を報告するときは、「残念ながら」とクッション言葉をはさむことで、相手のダメージを軽減します。

SCENE 05 | 承認する

人から何かを依頼されたら、たとえ難しい依頼であっても、速やかに、気持ちよく答えます。「この人に頼んでよかった」と思ってもらえ、あなたの評価が上がります。

◆承認する①

確かに承(うけたまわ)りました。

実例 ご注文、確かに承りました。

言い換え 承知しました。

MEMO 「承る」は「受ける」の謙譲語。「ありがたくお受けいたします」というニュアンスを込めた、依頼を引き受けるときの基本的なフレーズです。

◆承認する②

かしこまりました。

実例 プレゼンの準備の件、かしこまりました。

MEMO 「謹んでお引き受けします」という意味。「かしこまる」「承る」はその言葉自体に尊敬の意が込められており、目上の人に対して使います。

◆喜んで承認する

喜んで〜させていただきます。

実例 喜んでお引き受けさせていただきます。

MEMO 積極的な協力や参加、出席の気持ちを表すフレーズです。こう言われると、依頼した相手も安心するものです。「異存はない」は異議、不服はない、という意味。喜んで引き受けるときに使うフレーズです。

◆控えめに承諾する

ご期待に添うことができれば幸いです。

実例 このたびのご依頼の件、ご期待に添うことができれば幸いです。

言い換え 私でよろしければ、ぜひ協力させてください。

MEMO 承認の言葉に添える、謙虚なフレーズです。「お力になれれば」「お役に立てれば」とも言い換えることができます。

◆決意を述べる

微力(びりょく)ながら……

実例 微力ながら、精いっぱいがんばりたいと思います。

言い換え およばずながら……

MEMO 「微力ながら」と謙遜することで、控えめな印象を与えます。

SCENE 06 案内する・誘う

案内や誘いのメールや手紙で注意したいことは、強引になりすぎず、相手が断る余地を残しておくこと。そして、目的や日時、場所をはっきり伝えることです。

◆案内する

ご案内申し上げます。

- **実例** 記念式典を開催いたすことになりましたので、ご案内申し上げます。
- **言い換え** お知らせ申し上げます。
- **MEMO** 会議や催し物などを開催することを伝える基本的なフレーズです。

◆催しのお知らせをする

運びとなりましたので……

- **実例** お披露目パーティを開催する運びとなりましたので、ご案内申し上げます。
- **MEMO** 「運び」とは段階、段取りのこと。事の結果をあらたまって知らせるときのフレーズです。

◆案内しつつ誘う

> # ご案内かたがたお誘い申し上げます。

実例 懇親会を開催いたしますので、ご案内かたがたお誘い申し上げます。

MEMO 「かたがた」とは〜を兼ねて、〜がてらの意味。案内とお誘いを兼ねたお知らせのときの決まり文句です。

◆参加を促す①

> # ぜひ、ご出席くださいますよう……

実例 ぜひ、ご出席くださいますようお願い申し上げます。

言い換え ぜひ、ご参加くださいますよう……

MEMO 出席をお願いするときの基本的なフレーズです。

◆参加を促す②

> # ぜひ、お越しいただきますよう……

実例 ぜひ、お越しいただきますようお願い申し上げます。

言い換え ぜひ、お運びくださいますよう……

MEMO ていねいに出席をお願いするときのフレーズです。「お越し」「お運び」は相手が「行くこと」「来ること」を敬う言い方です。

◆丁寧に参加を促す①

ぜひ、ご参加賜（たまわ）りますよう……

実例 ご多用中とは存じますが、ぜひご参加賜りますようお願い申し上げます。

言い換え ぜひご列席賜りますよう……

MEMO 「賜る」は目上の人から何かしていただくことを表す謙譲語。「ご参加いただきますよう」よりもかしこまった言い方になります。

◆丁寧に参加を促す②

ご臨席（りんせき）くださいますよう……

実例 ぜひご臨席くださいますようお願い申し上げます。

MEMO 「臨席」は「出席」を表す丁寧な表現。相手への敬意が伝わります。

◆必ず参加してもらいたい

ぜひご来臨（らいりん）くださいますよう……

実例 ぜひご来臨くださいますようお願い申し上げます。

言い換え ぜひご来駕の栄を賜りますよう……

MEMO 最大級の敬意を表す表現。目上の人に対して使います。格式のある式典などの案内にふさわしいフレーズです。「栄」とは名誉のこと。

◆出席してほしい

> # お待ち申し上げております。

- **実例** ○○様のお越しを心よりお待ち申し上げております。
- **言い換え** お会いできるのを楽しみにしております。
- **MEMO** 出席をお願いしつつ、相手に好意的な気持ちを伝えます。

◆都合をつけてほしい

> # 万障(ばんしょう)お繰り合わせのうえ……

- **実例** 万障お繰り合わせのうえ、ぜひご出席くださいますようお願い申し上げます。
- **MEMO** 「万障」とは諸所の事情の意味。ご多忙なことは承知の上ですが、なんとか都合をつけてきてくださいというときの決まり文句。

◆気軽な会のときに

> # どうぞお気軽に……

- **実例** 身内ばかりの集まりですので、どうぞお気軽にお越しくださいませ。
- **MEMO** 相手が気兼ねをしないよう気遣ったフレーズです。カジュアルな集まりのときに使います。

◆相手の都合を気遣う

ご予定もおありかと存じますが……

実例 ご予定もおありかと存じますが、ぜひご参加賜りますようお願い申し上げます。

MEMO 相手の都合に配慮しつつ誘うときのフレーズです。

◆できれば来てほしい

ご都合がよろしければ……

実例 ご都合がよろしければ、ご出席いただけますようお願いいたします。

MEMO 「無理強いはしないができたら来てほしい」というニュアンスを込めた、控えめな誘いのフレーズです。

◆周囲の人も誘ってほしい

皆さまお誘い合わせのうえ……

実例 皆さまお誘い合わせのうえ、ぜひお越しください。

言い換え 皆さまおそろいで……

MEMO ほかの人にも声をかけて来てほしいとき、なるべく多くの人に参加してほしいときに使うフレーズです。

◆出欠を知りたい

ご参加の諾否(だくひ)を……

実例 ご参加の諾否をご一報くださいますようお願い申し上げます。

言い換え 出欠のご都合を……

MEMO 「諾否」とは承知か不承知かを問うこと。準備の都合のために出欠の返事が欲しいときのフレーズです。

mini COLUMN

フレーズの組み合わせで好感度を高めよう

無味乾燥になりがちな、ビジネスでの文書やメール。気持ちの伝わるフレーズを組み合わせることで、好感度が格段にアップします。

文例1 資料を借りたお礼を伝える

「ありがとうございます」 + 「とても助かりました」 + 「またいろいろ教えてください」

文例2 誘いを断る

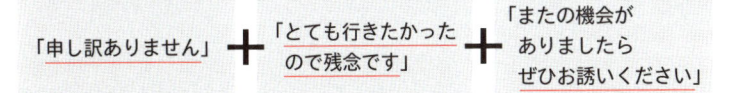

「申し訳ありません」 + 「とても行きたかったので残念です」 + 「またの機会がありましたらぜひお誘いください」

文例3 仕事で力になってもらったお礼を述べる

「○○の件ではいろいろと手伝っていただきありがとうございました」 + 「おかげさまで、予定通り納品することができました」 + 「またお力をお借りすることもあるかと思いますが、よろしくお願いいたします」

3章 シーン別フレーズ／案内・誘い

SCENE 07 | 受領・通知する

ビジネスでは、文書や品物の送受信がよくあります。受領・送付を互いに一報することで安心できますし、万一紛失や遅れがあったときも、速やかに対応ができます。

◆受け取りを知らせる

> **受領(じゅりょう)いたしました。**

- **実例** ○月○日付のお見積書、確かに受領いたしました。
- **言い換え** 確かに受け取りました。
- **MEMO** 何かを受け取ったときの基本的なフレーズ。受け取り次第、直ちにメールで受領を知らせることで相手が安心でき、あなたの信用もアップします。

◆丁寧に受け取りを知らせる

> **拝受(はいじゅ)しました。**

- **実例** ご契約書、確かに拝受しました。
- **MEMO** 「拝受」とは「受け取る」の謙譲語。「謹んで受け取ります」の意味。「受領」よりも丁寧で大人の印象があります。

◆品物をいただいた

頂戴しまして……
（ちょうだい）

- **実例** けっこうなお品物を頂戴しまして、大変ありがとうございました。
- **MEMO** 「頂戴」は、もらったことをへりくだって言う謙譲語。贈答品などをいただいたときに使うフレーズです。

◆荷物の到着を知らせる

着荷いたしました。
（ちゃっか／ちゃくに）

- **実例** 本日無事、サンプル商品が着荷いたしました。
- **言い換え** 到着いたしました。
- **MEMO** 「着荷」とは荷物が届くこと。ビジネスでよく使われるフレーズです。

◆受け取ってほしい

ご査収ください。
（さしゅう）

- **実例** 本日、資料を一式お送りしましたので、ご査収ください。
- **MEMO** 「査収」とは、金銭・物品・書類などを、よく調べて受け取ること。ビジネスでよく使われる決まり文句。

3章 シーン別フレーズ／受領・通知

◆贈り物を送る①

お納めください。

実例 心ばかりの品をお送りしましたので、どうかお納めください。

言い換え お受け取りください。

MEMO 「受け取ってください」の丁寧な表現。主に金銭や贈り物などを渡すときに使います。

◆贈り物を送る②

ご笑納(しょうのう)ください。

実例 ささやかですが、お祝いの品をお送りしましたので、ご笑納ください。

言い換え ご受納(じゅのう)ください。

MEMO 贈り物を送るときに、「つまらないものですが、もらってください」という気持ちを込めた控えめなフレーズです。

◆贈り物をする

謹呈(きんてい)いたします。

実例 このたび、著書を上梓(じょうし)(書物を出版すること)しましたので、謹呈いたします。

MEMO 「謹呈」とは謹(つつし)んで差し上げるというへりくだった表現です。

◆目上の方に見てもらう

> ご高覧(こうらん)ください。

実例 資料一式をお送りいたしましたので、ぜひご高覧ください。

MEMO 「高覧」は、相手を敬った「見る」の敬語表現です。目上の人に文書などを見てもらいたい場合に使います。

◆きちんと見てほしい

> お目通し願います。

実例 契約書のひな形をお送りしましたので、お目通し願います。

MEMO 「目通し」とは、最初から最後まできちんと見るという意味。ざっと見るという意味ではありません。

◆ざっと読んでほしい

> ご一読いただければ幸いです。

実例 郵送いたしますので、ご一読いただければ幸いです。

MEMO もし読んでくれたら嬉しいが、無理強いはしたくないときに使えるフレーズです。

SCENE 08 | 異動を知らせる

ビジネスを継続するうえで、異動や昇進のお知らせは欠かせません。定型的な表現を知って上手に使いこなしましょう。

◆異動を知らせる

〜に異動いたしました。

実例 私こと、○月より○○へ異動いたしました。

言い換え 〜に配属となりました。

MEMO 異動を知らせる基本的なフレーズ。手紙文では、「私こと」「私儀(わたくしぎ)」(行末に書く)から書き始めますが、メールではなくてもいいでしょう。

◆転出・転勤を知らせる

〜に勤務となりました。

実例 このたび、○月○日より××に勤務となりました。

言い換え 〜へ転出いたしました。

MEMO 他部署、支店・支社、関連会社などに転出・転勤する場合によく使うフレーズです。

◆任命された旨を知らせる①

> ## ～の役を仰(おお)せつかりました。

- **実例** このたび、○○部長の役を仰せつかりました。
- **言い換え** ～に命ぜられました。
- **MEMO** 「仰せつかる」は「畏(おそ)れ多くも命ぜられた」というニュアンスがあり、ある程度重要な役に就いたときに使います。「命ぜられた」は、任命されたという意味。

◆任命された旨を知らせる②

> ## ～を担うこととなりました。

- **実例** さて、このたび、会長の重責(じゅうせき)を担うこととなりました。
- **MEMO** 「担う」は責任をもって引き受けるという意味。役職以外に、「○○の開発」「○○の運営」などの言葉と入れ替えることもできます。

◆後任を紹介する

> ## 後任として○○が担当することになりましたので……

- **実例** 後任として田中太郎が担当することになりましたので、私同様よろしくご指導ご鞭撻のほどお願い申し上げます。
- **言い換え** 今後は、○○が代わってご用命(ようめい)を賜(たまわ)りますので……
- **MEMO** 自分の異動のお知らせだけでなく、後任の紹介も忘れないこと。「ご指導ご鞭撻のほど」は決まり文句です。

3章 シーン別フレーズ／異動を知らせる

SCENE 09 | 開業・廃業を知らせる

お世話になったお礼を述べ、開業の場合は、新しい事業の内容や目的を簡単に述べます。今後の抱負を素直な言葉で伝え、最後は今後の関係の継続やご指導をお願いして締めます。

◆開業のお知らせ

設立いたしました。

- **実例** このたび私こと、○○会社を設立いたしました。
- **言い換え** 開業の運びとなりました。
- **MEMO** 開業を知らせる基本的なフレーズです。「設立」とは組織を新しく作り上げること。「発足」と言い換えてもOKです。店舗なら「開店」「オープン」とします。

◆開業への思いを伝える

かねてからの念願がかない……

- **実例** かねてからの念願がかない、独立してコンサルタント会社を設立いたしました。
- **言い換え** 長年あたためてまいりました夢が実現し……
- **MEMO** 以前からコツコツと努力を重ねて夢がかなった喜びを伝えるフレーズです。事務的な連絡だけよりも温かみを感じさせます。

◆開業の目的を伝える

〜を図るべく……

実例 高齢者の生活の充実を図るべく、介護サービス会社を設立いたしました。

MEMO 「〜を図るべく」とは「〜を実現するために」のあらたまった言い方。これからの抱負を伝えるときによく使われます。

◆廃業を知らせる①

閉店（廃業・閉鎖）いたします。

実例 当店は誠に勝手ながら、○月○日をもって閉店いたします。

言い換え 閉店させていただくことになりました。

MEMO 廃業、閉店、閉鎖を知らせる基本的なフレーズ。「誠に勝手ながら」は一方的な通知をする際の決まり文句。

◆廃業を知らせる②

廃業いたすことに相成(あいな)りました。

実例 諸般の事情により廃業いたすことに相成りました。

言い換え 廃業することに決定いたしました。

MEMO 廃業の理由についてこまごまと書きたくない場合は「都合により」「諸般の事情により」とするだけで十分です。

SCENE 10 退職・転職を知らせる

転職や退職をしても、これまでの人間関係が切れるわけではありません。お世話になった人にきちんとあいさつをすることで、新たな関係が生まれることもあります。

◆ 退職を知らせる

> ○月○日をもちまして
> 退社することとなりました。

実例 私儀（わたくしぎ）、○月○日をもちまして退社することとなりました。

MEMO 退職を知らせる際の基本的なフレーズです。このあとに、お世話になったことへのお礼が続きます。退職の理由をわざわざ知らせる必要はありません。

◆ 退職の理由を知らせる①

> 円満退社いたし……

実例 このたび、○○を円満退社いたし、××に入社いたしました。

MEMO 「円満退社」は、会社との話し合いの上、理解・納得をもって職を退くこと。退職を知らせるときの決まり文句です。

◆退職の理由を知らせる②

> # このたび一身上の都合により……
> （いっしんじょう）

- **実例** このたび、一身上の都合により○○社を退職いたしました。
- **言い換え** 諸般の事情により……
- **MEMO** 円満退社であるなしにかかわらず、退職の理由を特に伝える必要がない場合によく使われる決まり文句です。

◆お世話になったお礼を述べる①

> # 在職中はいつも温かいご支援とご指導を賜りまして……
> （たまわ）

- **実例** 在職中はいつも温かいご支援とご指導を賜りまして、感謝の念に堪えません。
- **言い換え** 在職中はひとかたならぬご高配を賜りまして……
- **MEMO** 在職中にお世話になった人への基本的なあいさつフレーズです。

◆お世話になったお礼を述べる②

> # 公私にわたり格別のご厚情を賜り……
> （たまわ）

- **実例** 在職中は、公私にわたり格別のご厚情を賜り、誠にありがとうございました。
- **MEMO** プライベートでもお世話になった人へのあいさつフレーズです。

3章 シーン別フレーズ／退職・転職を知らせる

◆抱負を述べる①

今後はこれまでの経験を活かし……

実例 今後はこれまでの経験を活かし、より一層の努力をしたいと思います。

MEMO 計画的にキャリアを積み上げてきたという印象を与えるフレーズです。

◆抱負を述べる②

今後は新しい環境で心機一転し……

実例 今後は新しい環境で心機一転し、以前にもまして業務に精励する所存です。

MEMO 決意を述べる際の決まり文句です。「心機一転」は新たな気持ちで取り組むこと。「精励」はまじめに努めること。「所存」は「～つもりです」のあらたまった表現です。

◆決意を述べる

皆さまのご期待に応えられるよう……

実例 皆さまのご期待に応えられるよう、一層努力してまいりたいと思います。

言い換え 皆さまのご厚情(こうじょう)に報いるため……

MEMO 「お世話になったお礼のためにも」と、謙虚な気持ちで決意を表明するときの決まり文句です。

COLUMN

相手に伝わる文章を書くコツ

文章は、忙しい相手をできるだけ煩わせないよう、短く簡潔に、大事なことをもれなく、わかりやすく書くことが大切です。

コツ1 一文を短くして、わかりやすく伝えよう

NG

この間の納期が遅れた原因は、私が不在中にAさんが電話を受けて納期を聞いたがそのときに聞き間違えたか、先方が言い間違えたかで、誤った日付のまま作業が進行し、途中で私もクライアントに確認しなかったこともいけなかったと思います。

OK

納期遅延の原因について報告します。
❶私の不在中にAさんが電話で日付を聞いた。
❷その時点で日付が違っていた。
❸Aさんが聞き間違えたか、先方が言い間違えたかは記録がなく不明。
③の時点で、私がクライアントに再確認しなかった点も問題があると思います。

Point 文章は長くなればなるほどわかりにくくなります。適度に文章を切って一文一文を短くすることで、格段にわかりやすくなります。

コツ2 一文ワンテーマでまとめ、スッキリ伝えよう

NG

明日の営業会議は10時から12時までで10名が参加しますので第1会議室の予約をして、資料も人数分コピーしておいてください。

OK

明日の10時から12時に営業会議を開催する予定。第1会議室を予約願います。なお、参加者10人分の資料のコピーをご用意ください。

Point NG例は、会議の時間、会議室予約・資料コピーの依頼という複数の重要事項が一文中に盛り込まれています。これでは何をするべきかがすぐに伝わりません。

コツ 3 主語（誰が／何が）と述語（〜した）を対応させる

NG
私は、これまでIT系の企業で営業として3年間勤めてきた中で、自分の売りは誰とでもすぐ仲良くなれるコミュニケーション力です。

OK
私はIT企業で3年間営業として勤めました。この経験の中で気づいた自分の長所は、誰とでもすぐ仲良くなれるコミュニケーション力です。

Point NG例の主語＋述語は「私は」＋「コミュニケーション力です」で意味不明。「私は」＋「勤めました」、「長所は」＋「コミュニケーション力です」で意味が通ります。

コツ 4 意味のない言葉は極力削ってシンプルに

NG
私にとって仕事をするうえでとても大切に思っていることとは、常に相手の立場に立って物事を考えること、そして、自分だったらこうしてほしいなと思うことを、相手にしてあげることで、それは、入社以来ずっと気をつけていることです。

OK
私が仕事をするうえで、入社以来ずっと大切にしていること。それは、常に相手の立場に立って考え、自分がしてほしいと思うことを相手にしてあげることです。

Point 削っても文章の意味が変わらない語句はできるだけ省略しましょう。無駄を削ると、言いたいことがより伝わりやすくなります。

> この間の納期が遅れた原因は、私が不在中にAさんが電話を受けて納期を聞いたがそのとき…

クッション言葉を使いこなそう

いきなり要件を切り出すと、不躾(ぶしつけ)な印象がするものです。冒頭にちょっとした「クッション言葉」を入れることで唐突な印象が和らぎ、スムーズに話が進みます。

◆話を切り出す

> さて、突然ですが……

実例 さて、突然ですが、お願いがございます。
MEMO 「さて」は、手紙で、本題を切り出すときによく使われる言葉で「起語(きご)」といいます。「ところで」でも言い換え可。

◆話題を変える

> さて、このたび……

実例 さて、このたび、大阪支社への転勤が決まりました。
MEMO 定型のあいさつの後、「起語」を用いて要件を切り出す例です。転勤や移動など、新しい状況を知らせるときによく使うフレーズです。

◆ソフトに話を切り出す

> 申し訳ございませんが……

実例 申し訳ございませんが、○○の資料をお送りいただけますでしょうか。
MEMO いきなり依頼したいことだけを切り出さず、「申し訳ありませんが」から始めることで、唐突感がなくソフトな印象になります。

◆相手に配慮しつつ依頼する

> 大変お手数ですが……

実例 大変お手数ですが、上記の件、よろしくお願い申し上げます。
MEMO ただ「お願いします」だけでは、一方的な印象。「大変お手数ですが」のひと言を添えることで、相手への配慮が感じられ、謙虚な印象になります。

◆相手の判断にゆだねる

> お差し支えなければ……

実例 お差し支えなければ、携帯電話の番号を教えていただけますでしょうか。
MEMO 「嫌なら無理にとは言いません」というニュアンスがあり、押しつけがましさを感じさせない言い回しになります。

「起こし言葉」と「つなぎ言葉」を使いこなそう

前文のあいさつと本文の間に入れる「起こし言葉」と、文章と文章をつないで流れをつくる「つなぎ言葉」を上手に使うと、スムーズな文章になります。

◆起こし言葉の例

- さて
- ところで
- さっそくですが
- 実は
- 突然ですが
- 突然のお願いではございますが
- お願いがあるのですが
- 先日お話（お電話）した件ですが
- すでにご存じかと思いますが
- ついては
- つきましては

◆つなぎ言葉の種類と例

	種類・意味	つなぎ言葉
順接	前の事がらが原因・理由となり、あとの事がらが結果・結論となることを示す。	だから、そのため、そこで、したがって、ゆえに、それゆえに、すると、それなら、それでは
逆説	前の事がらから予想される結果とは逆の結果になることを示す。	しかし、しかしながら、けれども、ところが、にもかかわらず、とはいうものの、それでも
並列	前の事がらに後の事がらを並べる。	また、ならびに、および、かつ
添加	前の事がらに後の事がらを付け加える。	そして、それから、しかも、そのうえ、それどころか、そればかりか
対比	前の事がらと後の事がらを比べる。	一方、逆に、反対に
選択	前の事がらと後の事がらを選択する。	または、それとも、あるいは、もしくは
説明	前の事がらについて説明する。	なぜなら、というのは、だって
補足	前の事がらについて補足する。	なお、ただし、ただ、もっとも、ちなみに
言い換え	前の事がらについて言い換える。	つまり、すなわち、要するに
例示	前の事がらについて例を示す。	例えば、いわば
転換	前の事がらと話題・状況を変える。	それでは、では、さて、ところで

第4章

お詫び・
断るときの
フレーズ

- お詫びする
- 断る・辞退する
- 抗議する
- 反論する

お詫び・断るときの書き方

お詫びでは言い訳をしない、断るときは相手を不快にさせないことが大原則です。トラブルを招かないよう注意しましょう。

　お詫びは、言い訳をせず、潔く謝るのがコツ。「この度は、○○の件でご迷惑をおかけして、大変申し訳ありませんでした」と、❶謝罪を述べてから➡❷このような事態になった状況について説明➡❸今後同じ失敗をしないための対策➡❹最後にもう一度「大変申し訳ありませんでした」と謝罪の言葉で締めます。

　提案や誘い、仕事などを断るときは、相手を不快にさせないことが大原則です。まずは、❶お申し出をいただいたことへのお礼を述べ➡❷提案を受け入れられないことをはっきりと伝えます。➡次に、❸受けられない理由を伝えますが、条件が変われば引き受ける気があるなら、「○日ならできます」「○○の条件ならできます」と代案を述べます。➡そして、❹最後はもう一度、お誘いいただいたことへのお礼を述べて締めます。「またの機会がありましたらぜひお願いします」など、次につながる言葉を添えてもいいでしょう。

POINT

- ☐ お詫びの文章の書き出しは謝罪の言葉で。言い訳はせず潔く謝ること。
- ☐ 二度と同じことをしないために何をするのか、対策をきちんと述べる。
- ☐ 断る際には、なるべく相手を不快にさせないように配慮する。
- ☐ 今後もつき合いたいなら、代案を示して次につなげる。

文例　商品誤送のお詫び

> 言い訳はNGだよ

件名：商品型番違いのお詫び

○○株式会社
△△部　○○様

株式会社△△　○○部の□□です。
いつも大変お世話になっております。

このたび、ご注文いただきましたAB-2シリーズについて、
型番違いの商品をお送りしてしまったことを
心よりお詫び申し上げます。

さっそく原因を調査しましたところ、システム入れ替えに伴う
注文システムの誤作動によるものと判明いたしました。

今後、二度とこのようなことのないよう、
チェック体制の見直しを行っております。

大変ご迷惑をおかけし、誠に申し訳ございませんでした。

今後とも変わらぬお引き立てのほど
よろしくお願い申し上げます。

近日中に改めてお詫びにうかがいたいと存じます。
メールにて恐縮ですが、取り急ぎお詫び申し上げます。

（署名）

- まずはお詫びの言葉を述べる。
- 謝罪するに至った経緯を説明する。
- 今後の心構えを伝える。
- 再度お詫びを述べる。
- 次につなげるひと言を添える。
- 深刻なトラブルの場合、メールは取り急ぎのお詫びのみ。対面での謝罪が必要。

文例　申し入れを断る

件名：講師ご依頼の件

○○株式会社
△△部　○○様

株式会社△△　○○部の□□です。
この度は、○月○日の、御社の研修会において
講師のご依頼をいただきまして誠にありがとうございます。

喜んでお引き受けしたいところですが、
あいにく、○日には海外出張が入っておりまして
誠に残念ですが、お受けすることができません。
大変申し訳ありません。

もしまた機会がありましたら、ぜひご連絡ください。
お声掛けいただいて、ありがとうございました。

今後とも、よろしくお願い申し上げます。

（署名）

- まずはお誘いいただいたことへのお礼を述べる。
- 断りを切り出す時の決まり文句。
- 本来なら引き受けたいという気持ちをにじませることで、断られる相手のショックを和らげる。
- 断るときははっきりと。
- 次につなげる言葉を添える。
- 最後にもう一度お礼を述べる。

SCENE 01 お詫びする

失敗をしたら、すぐにお詫びの気持ちを伝えましょう。失敗のダメージを最小限に抑えられるばかりか、場合によっては好印象を与えることもできます。

◆もっともシンプルなお詫びのことば

申し訳ございませんでした。

実例 このたびの不手際、本当に申し訳ございませんでした。

MEMO 失敗をしたときに、なにはさておき言うべき言葉。弁明や説明はその後です。「すみませんでした」はビジネス文書にはあまり使いません。

◆ちょっとしたミスや無礼を詫びるとき

失礼いたしました。

実例 昨日は不在にしており、大変失礼いたしました。

MEMO 「失礼」とは「礼(儀)を失する」の意味。ちょっとした間違いやミスを詫びるときに使う言葉です。重大な過失のときには使えませんので注意しましょう。

◆罪やあやまちを詫びる

謝罪いたします。

実例 納品に大幅な遅れが発生しましたことを謝罪いたします。

MEMO お詫びの場面で広く使われる言葉。「申し訳ありませんでした」よりもあらたまった印象になります。

◆あらためて謝罪の気持ちを伝える

謹んでお詫び申し上げます。
つつし

実例 多くの方にご迷惑をおかけしたことを謹んでお詫び申し上げます。

言い換え このような事態に至りましたことを深くお詫び申し上げます。

MEMO 「謹んで」はうやうやしく物事を行うさま。へりくだった印象があり、あらたまったメールや手紙にふさわしい表現です。

◆最大級の謝罪の言葉

陳謝いたします。
ちんしゃ

実例 対応が遅れ、お客様にご迷惑をおかけしたことを陳謝いたします。

MEMO 「陳謝」とは事情を述べて謝ること。書き言葉では最上級のお詫びのフレーズなので安易に使わないこと。

◆反省の度合いを伝える

幾重(いくえ)にもお詫び申し上げます。

実例 このような事態を招いたことを、幾重にもお詫び申し上げます。

言い換え かさねがさね……

MEMO 「幾重にも」は「何度も繰り返し」の意味。一度謝ったくらいでは気が済まないという深い謝罪と反省の気持ちが伝わります。

◆全面的に自分に非があるとき①

お詫びの言葉もございません。

実例 度重なる不手際、お詫びの言葉もございません。

言い換え お詫びの申し上げようもございません。

MEMO 間をおかず似たようなミスが再発してしまった、完全な思い違いだったなど、全面的に自分に非があり、謝る言葉も見つからないほど申し訳なく思う気持ちを表す言葉。

◆全面的に自分に非がある②

申し開きのできないことです。

実例 このような事態を引き起こしてしまって、申し開きのできないことです。

言い換え こちらの不手際です。弁解の余地もございません。

MEMO 「申し開き」とは自分のした行為に対してその正当性や理由、事情を説明すること。弁明。全面的に自分に非がある場合に用いるフレーズです。

◆具体的な理由を挙げずに謝罪する

ご迷惑をおかけいたしまして……

実例 このたびはいろいろとご迷惑をおかけいたしまして、申し訳ありませんでした。

言い換え ご心配をおかけいたしまして大変恐縮です。

MEMO 言い訳をせず、まずは取り急ぎお詫びを述べるというときにはこのひと言から。相手の骨折りに対してお礼を言うときにも使える便利なフレーズです。

◆相手が不快に思っているとき

ご不快の念をおかけいたしまして……

実例 このたびはご不快の念をおかけいたしまして、大変申し訳ありません。

MEMO どちらに非があるか不明な場合でも、相手に「不快な思いをさせたこと」に対して謝罪します。できるだけ速やかに謝り、相手の怒りを鎮めることが肝心です。

◆みっともないことをしてしまった

失態を演じまして……

実例 酒席とはいえ失態を演じまして、お恥ずかしい限りです。

MEMO 「失態」とは、失敗、面目を損なうこと。恥ずかしい振る舞いをしてしまったことを詫びるときに使うフレーズです。

◆恥ずかしくて顔も合わせられない

面目次第（めんぼくしだい）もございません。

実例 私どもの監督不行き届きでご迷惑をおかけしてしまい、面目次第もございません。

言い換え 周囲の皆様にもご迷惑をおかけして、合わせる顔もありません。

MEMO 「面目」とは体面、立場、名誉のこと。「面目ない」とは、恥ずかしくていたたまれない様子のこと。取引先や目上の人に対して使われることが多いフレーズです。

◆ありえないミスをしてしまった

お恥ずかしい限りです。

実例 このような初歩的なミスをしてしまって、お恥ずかしい限りです。

MEMO 失敗に対して恥じ入っている気持ちを表すフレーズです。ほめられて謙遜するときにも使います。

◆反省の気持ちを伝える

深く反省しております。

実例 私の不注意でこのような事態を招いてしまい、深く反省しております。

MEMO 失敗をしたときは、まず、謝罪の言葉。次に反省の気持ちを伝えます。どんなときにも幅広く使える反省を表すフレーズです。

◆強い反省の気持ちを伝える

猛省(もうせい)しております。

実例 このたびのことは、社員一同猛省しております。

MEMO 「猛省」とは厳しく反省すること。相手に多大な迷惑をかけてしまい、反省では足りないと思われるときに覚えておくと便利なフレーズです。

◆深い反省を表す

慙愧(ざんき)(慚愧)に堪(た)えない思いです。

実例 みなさまに多大なご迷惑をおかけして慙愧に堪えない思いです。

MEMO 「慙愧に堪えない」とは、強く悔い恥じる気持ちを表します。ちょっとした失敗のときに使うには大げさな印象があるので、使う場面には注意しましょう。

◆かしこまった場で反省を表す

遺憾(いかん)に存じます。

実例 このような事態になり、大変遺憾に存じます。

MEMO 「遺憾」とは「残念で仕方がない」のかしこまった言い方。「遺憾」という言葉自体には謝罪の意味はないので、このあとに「大変申し訳ありませんでした」など謝罪の言葉も述べましょう。

◆反省し二度としない決意を述べる①

肝(きも)に銘(めい)じます。

実例 このような失敗を二度と起こさないよう、肝に銘じます。

MEMO 失敗を教訓にし、同じ間違いを二度としないという強い決意を表すフレーズです。

◆反省し二度としない決意を述べる②

厳(げん)に注意いたします。

実例 ご迷惑をおかけして申し訳ありませんでした。厳に注意いたします。

MEMO 「厳に」とは、十分に気をつけるさま。取引先や目上の人に対して謝罪する際に使えるフレーズです。

◆反省し二度としない決意を述べる③

このようなことは二度と起こしません。

実例 厳重に注意し、このようなことは二度と起こしません。

MEMO 反省し、同じ過ちを起こさないことを誓う言葉です。単に決まり文句として述べるだけでなく、自分の決意を確認するための言葉でもあります。

◆相手の指摘を素直に受け止める

ご指摘のとおりです。

実例 全く、〇〇さんのご指摘のとおりです。弁解の余地もありません。

MEMO 耳が痛いことでも、相手の言い分を全面的に受け入れる言葉です。相手の指摘を受け止めることで、今後の対処法などを冷静に話し合うことができます。

◆相手の怒りを静める

お怒りはごもっともです。

実例 お怒りはごもっともです。すべては私に責任があります。

言い換え ご立腹（りっぷく）は無理もないことでございます。

MEMO 怒るのは無理もない、こちらが全面的に悪い、という姿勢を示すことで、相手の怒りを静めます。「お怒り」「ご立腹」を「お腹立ち」と言い換えてもOKです。

◆不注意を詫びる

不注意で……

実例 このたびは、私の不注意で納品が遅れるという事態を招いてしまい、大変責任を感じております。

言い換え 私の不用意で誤解を招いてしまったことをお詫び申し上げます。

MEMO 過失の内容に詳しく触れずに謝罪する場合の決まり文句のひとつです。不注意で起こる事態ですから、大きな過失の場合には使いません。

4章 シーン別フレーズ／お詫び

◆手際の悪さを詫びる

不手際で……

実例 私の不手際でこのような事態を招いてしまいました。平(ひら)にご容赦(ようしゃ)願います。

MEMO 自分の手際の悪さや段取りの悪さで招いた失敗を、素直に認めて謝罪するフレーズです。

◆手違いを詫びる

手違いで……

実例 私の手違いで連絡が遅れ、ご迷惑をおかけしましたことをお詫び申し上げます。

MEMO 「手違い」は手順や手配を誤ること。ちょっとした手違いでも相手に大きな迷惑を与えることもあります。二度としないという決意も忘れず添えましょう。

◆自分の勘違いを詫びる

勘違いしており……

実例 明日の午後のお約束と勘違いしており、一日遅れてしまいました。大変申し訳ありません。

言い換え 実は社内で誤解がありまして、対応が遅れた次第です。

MEMO 「勘違い」は間違って思い込むこと。悪気はなく、ついうっかりのミスというニュアンスが込められた表現です。言い訳ととられないよう注意しましょう。

◆説明不足を詫びる

言葉が足りず……

実例 私の言葉が足りず誤解を招いてしまい、大変申し訳ありませんでした。

MEMO 意図が十分に伝わらなかったために起こったトラブルについて詫びるフレーズ。相手の理解不足でも、このように相手をフォローすることで好印象を与えます。

◆うっかり忘れたことを詫びる

失念しており……
（しつねん）

実例 ○○の件、すっかり失念しておりました。お詫び申し上げます。

MEMO 「失念」とはうっかり忘れること。ビジネスではよく使われる言葉です。「多忙のため」などとつけ加えると言い訳がましくなるので避けましょう。

◆自分の気の利かなさを詫びる

考えが及ばず……

実例 そこまでは考えが及びませんでした。面目ありません。

言い換え お帰りの時間のことまで気が回らず、大変失礼をいたしました。

MEMO 自分の気の利かなさや配慮が不足していたことを素直に詫びるフレーズです。前例がない想定外の事態が起こった場合にも使います。

◆配慮や注意不足を詫びる

不行き届きで……

実例 私の監督不行き届きで、○○様には大変なご迷惑をおかけしました。

MEMO 自分の失態というよりは、部下など自分の管理下の者の失態を詫びるときによく使われる言い回しです。

◆許しを請う①

お許しください。

実例 以後十分に気をつけますので、どうかお許しください。

MEMO 許しを請うときの基本的なフレーズ。十分に謝罪の言葉を述べたのちに言います。

◆許しを請う②

平にご容赦願います。

実例 このたびの件、平にご容赦願います。

MEMO 「容赦」とは許す、大目に見ること。「平に」は頭を下げている様子を表しているので、より反省の気持ちが伝わります。

◆許しを請う③

ご寛恕(かんじょ)くださいますよう……

実例 ○○の件、ご寛恕くださいますようお願い申し上げます。

MEMO 「寛恕」とは、心が広く思いやりがあること。謝罪の場面では、過ちをとがめだてしないで許すこと。目上の人に使うことがふさわしい言葉です。

mini COLUMN

うっかり使いがちな「マイナスフレーズ」

うっかり使ってしまうことが多い「マイナスフレーズ」は、自分にその気がなくても相手を不快にさせてしまうことがあるので注意しましょう。

NG例

✗「この間も言いましたが」
✗「先日すでにメールでお伝えしましたが」

Point 暗に「何度も同じことを言わせるな」という、相手を非難する気持ちが含まれています。たとえそうであったとしても、このような書き方をしては、相手を不快にさせてしまいます。

GOOD例

○「何度もお願いして申し訳ありませんが」
○「すでにお聞き及びとは存じますが」

Point 相手に非があったとしても、こちらに非があるような言い方をすることで好印象を与えるばかりか、相手に「悪かったな」と反省を促すことにもなります。

4章 シーン別フレーズ／お詫び

SCENE 02 | 断る・辞退する

できないことはできないと、はっきり伝えること。言いづらいからといって曖昧な書き方をすると後でますます断りづらくなります。相手に納得してもらえるフレーズを多く覚えておきましょう。

◆簡潔に断る①

ご遠慮申し上げます。

実例 先日のお申し出、ご遠慮申し上げます。

言い換え 遠慮させていただきます。

MEMO 明確かつ丁寧に「ノー」の意思を伝える基本的なフレーズです。「ご遠慮」を使うと「お断り」よりもソフトな印象になります。

◆簡潔に断る②

ご要望には添いかねます。

実例 せっかくご提案ですが、ご要望には添いかねます。

言い換え ご期待には添いかねます。

MEMO 「添いかねる」とは相手の意向に従うことができないということ。「本当はしたいのだが」というニュアンスを込めて丁寧に断るフレーズです。

◆やむなく断る

> # お断りせざるを得ません。

実例 ありがたいお話なのですが、残念ながらお断りせざるを得ません。

MEMO 「せざるを得ない」はやむにやまれないという意味。相手の気持ちを思いやり、「できればお引き受けしたいのですが」というニュアンスを込めた断りのフレーズ。

◆遠慮して断る①

> # 辞退させていただきます。

実例 誠に申し訳ございませんが、今回は辞退させていただきます。

MEMO 「辞退」とは、提案に対して遠慮して断ること。ありがたい申し出をいただいた場合に使うことが多いフレーズです。

◆遠慮して断る②

> # 私どもでは力足らずです。

実例 大変魅力的なお話ですが、私どもでは力足らずです。

MEMO 「自分の力が足りないためやむなく断る」というニュアンスを込めたフレーズです。ただ断るよりも、事情はこちらにあることを伝えるので、相手も納得しやすいといえます。

◆次につなげる断り方①

誠に残念ではございますが……

実例 誠に残念ではございますが、今回はお断りさせていただきます。

言い換え 誠に申し訳ないのですが……

MEMO 今回は断ってもここで関係が終わるわけではありません。「本当はお受けしたいのですが」という気持ちを込めることで、次の機会につなげます。

◆次につなげる断り方②

誠に不本意ながら……

実例 誠に不本意ながら、今回は見送らせていただきます。

MEMO 「不本意」とは、自分の本当の望みとは違っていること。「自分のせいではなく、やむにやまれぬ事情で」というニュアンスが伝わります。

◆次につなげる断り方③

せっかくのお話ですが……

実例 せっかくのお話ですが、今回は辞退させていただきたく存じます。

言い換え せっかくのご依頼ですが……

MEMO 「せっかくの」というクッション言葉を添えて、「ありがたいことだが残念ながら……」という気持ちをにじませながら断るフレーズです。

◆次につなげる断り方④

願ってもない機会ですが……

- **実例** 願ってもない機会ですが、諸事情がありお引き受けいたしかねます。
- **言い換え** ありがたいお話ですが……
- **MEMO** 「せっかくのチャンスを無にしてしまうのは残念だが……」という気持ちをにじませることで、断られる相手のダメージを軽減します。

◆次につなげる断り方⑤

誠に心苦しいのですが……

- **実例** 誠に心苦しいのですが、ご遠慮申し上げます。
- **MEMO** 申し訳ない、すまないといお詫びの気持ちを込めた断りのフレーズです。

◆断りについて理解を求める①

事情をお察しいただき……

- **実例** 何卒事情をお察しいただき、ご理解いただければと存じます。
- **言い換え** 何卒事情をお汲み取りいただき……
- **MEMO** 断る理由を述べた後の締めの言葉として使うフレーズです。

◆断りについて理解を求める②

事情をご高察賜り……

実例 何卒事情をご高察賜り、あしからずご了承のほどお願い申し上げます。

言い換え 何卒事情をご賢察のうえ……

MEMO 「高察」「賢察」は、すぐれた推察の意味。こちらの事情を知ってほしいと理解を求めることについて、相手を敬って言う言葉。かしこまった文書に使えるフレーズです。

◆断ったことを詫びる

お力になれず……

実例 このたびは、お力になれず誠に申し訳ありません。

言い換え このたびは、お役に立てず誠に申し訳ありません。

MEMO 「力になれず」「役に立てず」はへりくだった表現。引き受けられないということがきちんと伝わり、辞退を詫びる気持ちも伝わります。

◆不本意ながら断る

～したいのはやまやまですが……

実例 ご一緒したいのはやまやまですが、残念ながらお断りせざるを得ません。

言い換え ～はやぶさかではないのですが……

MEMO 「自分はそうしたいのだが、やむにやまれぬ事情で」というニュアンスを込めた断り方。「やぶさかではない」は「喜んでしたい」という意味です。

◆検討はしたことを伝える

検討を重ねましたが……

実例 何とかご協力できないかと検討を重ねましたが、諸事情により、お断りせざるを得なくなりました。

MEMO 引きうけるべく努力はしたが、結果的にできないという事情を伝えながら断るフレーズです。返事をするまでに時間が空き過ぎてしまった場合にも使えます。

◆遠回しな断り方

見送らせてください。

実例 とても魅力的なご提案ですが、今回は見送らせてください。

MEMO 「見送る」とは「断る」の遠回しな言い方。「今回は」と合わせて使うことで、「次の機会にはよろしくお願いします」というニュアンスが加わります。

◆断る理由を言う

急な差し支えがございまして……

実例 別の時でしたらお引き受けできたのですが、急な差し支えがございまして、ご辞退申し上げるしかございません。

MEMO 理由もなく断るのでは相手が納得してくれない場合に使えるフレーズです。具体的に理由を述べる必要はありません。

4章 シーン別フレーズ／断り・辞退

SCENE 03 | 抗議する

依頼や催促に対して連絡がない相手には、抗議をしなければなりません。目的は、相手を糾弾するのではなく、早急な対応を促すことです。

◆やんわりクレームを言う

こちらの勘違いかもしれませんが……

実例 こちらの勘違いかもしれませんが……

MEMO 自分に非があるかもしれないと前置きすることで、相手を責めるつもりではないことを表します。

◆相手を責めないように困りごとを切り出す

何かの手違いかと存じますが……

実例 何かの手違いとは存じますが、まだご入金が確認できていません。

MEMO 相手に落ち度があった場合でも、このようなフレーズで切り出すと、印象がやわらぎます。

◆状況を伝える

非常な迷惑を被(こうむ)っております。

実例 たびたびの遅延に非常な迷惑を被っております。

言い換え はなはだ迷惑を被っております。

MEMO 相手の過失によって迷惑していることを訴えることで、催促をするフレーズです。相手の過失を直接責めないことがポイントです。

◆迷惑の度合いを示す

当社の信用にもかかわる事態となっています。

実例 お客様にもご迷惑をおかけし、当社の信用にもかかわる事態となっています。

MEMO 事の重大さを意識させ、相手の対応を促すフレーズです。

◆不服を表す

承服(しょうふく)いたしかねます。

実例 突然の変更は、当社としては承服いたしかねます。

言い換え 納得いたしかねます。

MEMO 「承服」とは承知すること。「いたしかねる」は「難しい」のへりくだった言い方。受け入れられないと言うことで、遠回しに相手の態度を非難します。

4章 シーン別フレーズ／抗議

◆説明を求める

誠意あるご回答を賜（たまわ）りたく……

実例 誠意あるご回答を賜りたくお願い申し上げます。

言い換え 納得のできるご説明をお待ち申し上げます。

MEMO 「誠意ある」は抗議文の決まり文句。言い方は丁寧ですが、いい加減な対応は許さないという強い意思をうかがわせるフレーズです。

◆対応を求める

善処（ぜんしょ）していただきたく……

実例 速やかに善処していただきたく、お願い申し上げます。

言い換え 早急に改善していただきたく……

MEMO 「善処」は適切な処置のこと。抗議や意思表明のときの決まり文句です。

◆強く対応を求める

しかるべきご対応を……

実例 しかるべきご対応をここに申し入れる次第です。

MEMO 「しかるべき」とは「そうあるべき」、転じて「適切な」の意味です。適切な対応を行わない相手に対する婉曲な批判を含む言葉なので、使い方には注意が必要です。

◆強い態度に出る

何らかの措置をとらざるを得ないかと存じます。

実例 今後の推移によっては、何らかの措置をとらざるを得ないかと存じます。

言い換え しかるべき措置を取らせていただきます。

MEMO 「措置」とは「手続き」の意味で、暗に強い態度で臨むことを含めたフレーズです。相手の不誠実な対応が目に余るなど、かなり深刻な事態のときに使います。

◆今後のお付き合いを考え直すとき

今後の推移次第では……

実例 今後の推移次第では、お取引の打ち切りもやむを得ないかと存じます。

MEMO 再三の注意や催促にも、相手が誠意ある対応を見せない場合の、かなり強気な表現です。「推移次第では」と可能性は残すことがポイントです。

SCENE 04 | 反論する

反論をそのまま相手にぶつけると、角が立ちます。そんなときは、ちょっとした前置きのフレーズを挟みましょう。以降の意見交換がスムーズになります。

◆一度肯定してから反論する

おっしゃることはよくわかりますが……

実例 ○○さんのおっしゃることはよくわかりますが、こちらとしてはこれが精一杯の条件です。

MEMO 自分の意見を否定されるのは誰でも嫌なものです。いきなり反論せず、相手の言い分を受け止めてから反対意見を述べましょう。

◆肯定できるところを先に言う

～では賛成ですが……

実例 ○○さんのご意見に、××の点では賛成ですが、△△の点で……

MEMO 反論する前に、肯定できる点を見つけて、そこを承認してから反論を切り出します。相手も反感を抱きにくいので、その後の反論がスムーズにできます。

◆賛成の意を表しながら反論する

ごもっともかと存じますが……

実例 ○○さんの言い分はごもっともかと存じますが、それだけでは今ひとつ説得力に欠けます。

MEMO 相手の言い分を一度受け止めてから反論をします。相手もむやみに否定されるわけではないので、こちらの意見をきちんと受け止めてくれます。

◆どうしても言いたいことを伝える

ひと言だけ申し上げたく……

実例 大筋賛成ですが、ひと言だけ申し上げたく存じます。

MEMO たくさん反論があったとしても、すべてを言うのは得策でない場合もあります。「ひと言だけ」と言われれば、相手も素直に聞く耳を持ってくれるでしょう。

◆立場が上の人に意見する

僭越ながら……
（せんえつ）

実例 誠に僭越ながら、個人的な意見を述べさせていただきます。

MEMO 「僭越」とは身分や権限などを越えていることを指す言葉で、「自分のようなものが、このようなことをするのは恐縮ですが」などのニュアンスを含んだ表現です。

COLUMN

ネガティブフレーズをポジティブに言い換える

同じ意味のフレーズでも、マイナスな表現で伝えるのとプラスな表現で伝えるのとでは、相手に与える印象が大きく違います。できるだけポジティブな表現を心がけましょう。

NG / **OK**

◆できないことを伝える

こちらではできません。 → こちらでは対応していませんが、○○で受けつけています。

MEMO 問い合わせに対して「できません」ではあまりにぶっきらぼうです。代案を示して前向きな言葉で締めくくりましょう。

◆相手を励ます

大変そうですね。 → チャレンジしがいがありますね。

MEMO ねぎらうつもりかもしれませんが「大変そう」と言われると、よけいに大変な気がしてしまいます（相手との関係にもよります）。ここは前向きな言葉で励ましましょう。

◆どうしても断らざるを得ないとき

絶対ムリです。 → ちょっと難しいです。

MEMO 「絶対ムリ」では全否定。言われたほうもいい気持ちはしません。「ちょっと難しい」で暗に断るのが大人の表現です。

◆止めたほうがいいと忠告する

急がないほうがいいと思います。 → 余裕をもったほうがいいと思います。

MEMO 忠告や命令に対して拒否反応を示す人がいます。忠告ではなくアドバイスに書き換えると、前向きな印象になります。

◆相手を気遣う

失敗しないように気をつけてください。 → うまくいくように応援しています。

MEMO 「失敗しないように」と言われると「失敗」というネガティブな言葉が強く印象づいてしまいます。ポジティブな言葉で締めましょう。

◆応援するとき

緊張しないで頑張ってください。 → いつもどおりリラックスするとよいと思います。

MEMO 「緊張しないで」と言われると余計にプレッシャーを感じてしまうもの。激励するつもりが逆効果です。相手の気分を上げる表現を選びましょう。

◆注意を促す

○○しないよう気をつけてください。 → ○○に気をつけると、もっとよくなりますよ。

MEMO 相手に注意をするとき、欠点を指摘するのではなく、改善点を提示して前向きなフレーズで締めくくると、相手のやる気を引き出します。

◆雨の日のメールの書き出し

朝から雨でジメジメしていやですね。 → 雨の音もなかなかいいものですね。

MEMO 天気の話題は書き出しによく使われますが、出だしからネガティブな話題は避けたいものです。

相手を傷つけずに断るクッション言葉

仕事の依頼や誘いを断るときに、最初から「できません」では相手を不快にさせてしまいます。上手に断るためのクッション言葉を覚えましょう。

◆引き受けたいという気持ちを伝えて断る①

> あいにく……

実例 あいにくその日は別件が入っておりまして……
MEMO 本当は引き受けたいが用件があってできない……といったニュアンスが伝わる、もっともオーソドックスなフレーズです。

◆引き受けたいという気持ちを伝えて断る②

> 〜はやぶさかではないのですが……

実例 お引き受けするのはやぶさかではないのですが、このスケジュールでお納めすることは、当社にはできかねます。
MEMO 「やぶさかではない」とは「喜んでしたい」のこと。本当は喜んで引き受けたいができないというときに使うフレーズです。

◆残念な気持ちを伝える

> 誠に残念なのですが……

実例 誠に残念ですが、今回はお断りせざるをえません。
MEMO 本当は断りたくないのだが、という気持ちをにじませることで、相手を傷つけることなく断るフレーズです。

◆相手に心の準備をしてもらう

> 大変申し上げにくいのですが……

実例 大変申し上げにくいのですが、ご希望に沿うことはいたしかねます。
MEMO 依頼を断るときの決まり文句。相手も心の準備をすることができ、断られるショックを和らげます。

◆先方には非がないことを強調する

> こちらの事情で申し訳ないのですが……

実例 こちらの事情で申し訳ないのですが、お引き受けすることができません。
MEMO あくまでもこちらの事情で、先方には非がないことを強調し、相手の不快感を和らげます。

相手をイラっとさせるNGフレーズ

ちょっとしたひと言が原因で、相手を不快にさせてしまうことがよくあります。特に「自分には落ち度はない」という態度がにじみ出るようなフレーズは要注意です。

NG / **OK**

◆知らないことを伝える①

知りません。 → 存じません。

MEMO　「存じません」は「知りません」のへりくだった表現。「存じ上げません」とするとより敬意が強まります。

◆知らないことを伝える②

聞いていません。 → 申し訳ございません。その件については存じません。

MEMO　「聞いていない」には、相手を暗に責めている印象があります。実際にそうであっても、その事実だけを伝え、相手を責めないよう配慮しましょう。

◆覚えていないことを伝える

うっかり忘れていました。 → 失念(しつねん)しておりました。

MEMO　「忘れていました」には、正直ですが開き直った印象がありますので、「失念」という大人の書き方を覚えましょう。「失念」とは「うっかり忘れる」の意味。

◆催促をするとき

まだですか？ → いかがでしょうか？

MEMO　催促をするとき、いきなり「まだですか？」は失礼。相手の状況も考え、今どのような状態かを聞くことで遠回しに催促するのが大人の書き方です。

ビジネス特有の表現を使いこなそう

ビジネス文章では、相手や内容によってよりあらたまった表現を用いることが求められます。表現を使いこなすことで信頼度が高まります。

Before
この間の件、
どうしますか。

After
先日の件、
いかがいたしましょうか。

Before
悪いけど、
○○してくれませんか。

After
恐れ入りますが、
○○していただけますでしょうか。

Before
どうしたらいいか、
教えてください。

After
どのようにすればいいか、
ご教示ください。

◆あらたまった表現の言い換え例

いま ➡ ただいま	謝る ➡ 謝罪する
さっき ➡ 先ほど	書く ➡ 記入する
いくら ➡ いかほど	考え直す ➡ 再考する
後で ➡ 後ほど	作る ➡ 作成する
これから ➡ 今後	送る ➡ 送付する
この前 ➡ 前回	配る ➡ 配布する
この次 ➡ 次回	確かめる ➡ 確認する
あした ➡ 明日(あす)	頼む ➡ 依頼する
きのう ➡ 昨日(さくじつ)	少し ➡ 少々
ゆうべ ➡ 昨夜(さくや)	もうすぐ ➡ 間もなく
去年 ➡ 昨年(さくねん)	忘れる ➡ 失念する
どう ➡ いかが	すぐに ➡ 早急に
どんな ➡ どのような	前 ➡ 以前

第5章

季節のあいさつの
フレーズ

- ■ 1月～12月の季節のあいさつ
- ■ 結婚・出産のあいさつ
- ■ 暑中見舞いのあいさつ
- ■ お中元・お歳暮のあいさつ
- ■ 年賀状のあいさつ

気持ちが伝わる手紙の書き方

季節の便りや、冠婚葬祭のあいさつ、いただきものへのお礼の手紙やメールをさりげなく送ると、あなたの好感度がアップします。

あいさつは、スピードとタイミングが大事。文章は短くても、気持ちのこもった手紙やメールをタイミングよく送ると、あなたの気遣いが伝わり、好感度がアップします。

季節の変わり目や一年の節目に送る手紙の書き出しや結びには、季節感のあるフレーズを書き添えるとよいでしょう。定型文もありますが、立春、初夏、残暑などの季語は旧暦をもとに定められているため、実際の季節感とはギャップがあることに注意しましょう。今日の天気や道端で見かけた花、街の様子を盛り込むことで、あなたらしさを出すとより効果的です。

また、冠婚葬祭の手紙には、定型文が使われることが多いのですが、普段使わない言葉を使うことに抵抗があるなら、無理をしてまで使う必要はありません。

POINT

- □ あいさつや季節の便りはスピードとタイミングが大事。
- □ 短い文書でも気持ちを込めること。
- □ 使い古された言い回しばかりでなく、感じたままに季節感を出す工夫を。
- □ 定型文をうまく活用する一方で、自分らしさを出すひと言も忘れずに。

文例　年末のあいさつ

件名：年末のごあいさつ

〇〇株式会社
△△部　〇〇様

寒冷のみぎり、ますますご清祥のこととお喜び申し上げます。
株式会社△△の□□です。

本年も残りわずかとなりました。
〇〇様には大変お世話になりました。
いつもいろいろとお気遣いをいただき感謝しています。

弊社は12月28日で仕事納めです。
新年は1月6日から営業を開始いたします。

来年も引き続きご愛顧いただきますよう
お願い申し上げます。

寒さも本格的になってきました。
くれぐれもご自愛くださいませ。

（署名）

> 定型文を活用しつつ自分らしいフレーズを

- 季節感のある言葉を添える。
- 相手の健康を気遣うときの決まり文句。

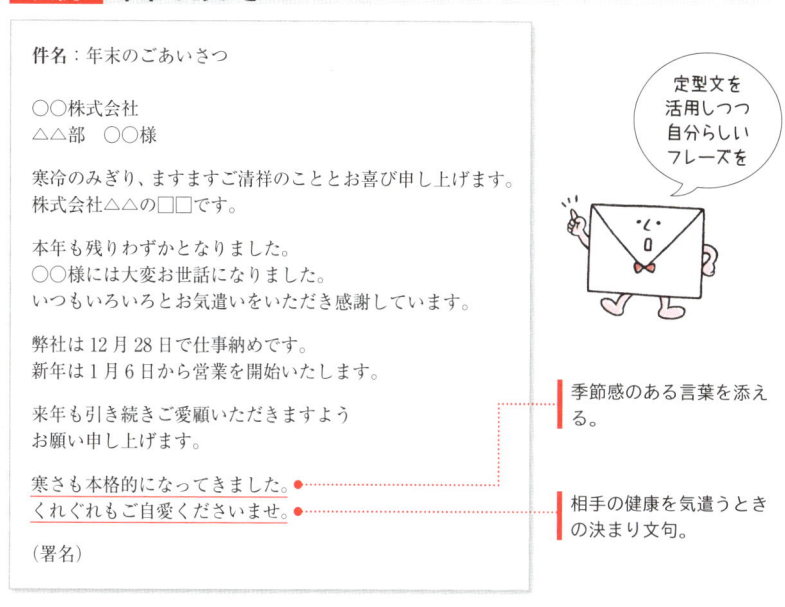

文例　お中元のお礼

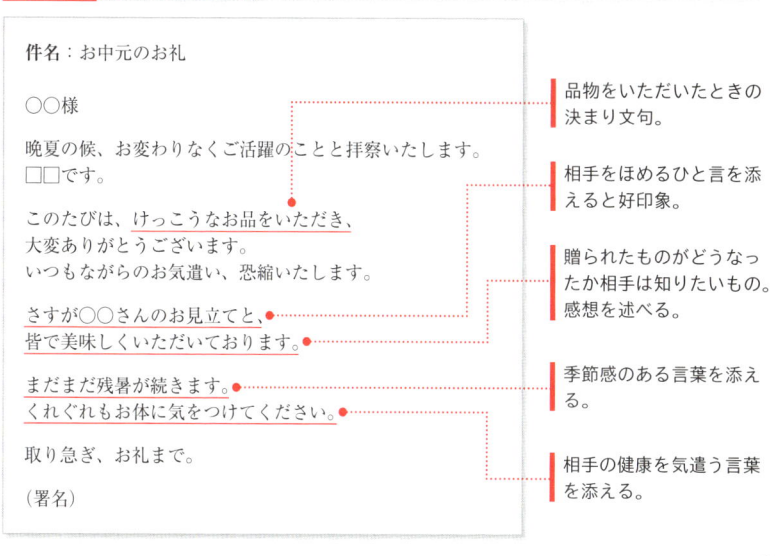

件名：お中元のお礼

〇〇様

晩夏の候、お変わりなくご活躍のことと拝察いたします。
□□です。

このたびは、けっこうなお品をいただき、
大変ありがとうございます。
いつもながらのお気遣い、恐縮いたします。

さすが〇〇さんのお見立てと、
皆で美味しくいただいております。

まだまだ残暑が続きます。
くれぐれもお体に気をつけてください。

取り急ぎ、お礼まで。

（署名）

- 品物をいただいたときの決まり文句。
- 相手をほめるひと言を添えると好印象。
- 贈られたものがどうなったか相手は知りたいもの。感想を述べる。
- 季節感のある言葉を添える。
- 相手の健康を気遣う言葉を添える。

5章　気持ちが伝わる手紙の書き方

1月 睦月(むつき) のあいさつ

時候の表現（〜の候/〜のみぎり/〜の折）
お正月・新年・新春・年頭・賀正(がしょう)・迎春(げいしゅん)・初春・厳寒(げんかん)・酷寒(こくかん)・寒冷(かんれい)・大寒(だいかん)・極寒(ごくかん) など

書き出しの言葉

- 新春を寿(ことほ)ぎ、ごあいさつ申し上げます。
- 謹んで年頭のごあいさつを申し上げます。
- 酷寒(こくかん)のみぎり、ますますご清栄(せいえい)のこととお喜び申し上げます。
- 厳寒(げんかん)のみぎり、ご壮健(そうけん)にてお過ごしのことと存じます。
- 大寒(たいかん)の候、皆様ご機嫌うるわしくお過ごしのことと思います。
- 新春とは名ばかりの厳しい寒さが続いております。
- 寒中お見舞い申し上げます。
- 松の内のにぎわいも過ぎ、寒さ身にしむ毎日でございます。
- 迎春の候、皆様ご健勝(けんしょう)にお過ごしのことと存じます。
- よいお年をお迎えになったことと存じます。
- 初春にふさわしいおだやかな日が続いていますね。

結びの言葉

- 本年もお付き合いのほど、何卒お願い申し上げます。
- 本年一年が皆様にとって幸多き年となりますようお祈りいたします。
- 本年も旧倍のご厚情を賜りますようお願い申し上げます。
- 今年も変わらぬご指導ご鞭撻をお願い申し上げます。
- この一年もお健やかな年となりますように。
- 本年もご多幸(たこう)な年となりますよう、祈念(きねん)いたします。
- ますますのご健勝とご繁栄をお祈り申し上げます。
- 寒さ厳しき折から、くれぐれもご自愛(じあい)くださいませ。
- ますます寒さが厳しくなってきます。くれぐれもお体に気をつけて。
- 寒さに負けず、元気でがんばりましょう。

2月のあいさつ

如月（きさらぎ）

時候の表現（〜の候／〜のみぎり／〜の折）

晩冬・余寒・残寒・向春・春寒・立春・孟春　など

書き出しの言葉

- 晩冬の候、ますますご健勝のこととお喜び申し上げます。
- 余寒のみぎり、ますますご清祥のこととお喜び申し上げます。
- 向春の候、ますますご清栄のことと拝察いたします。
- 立春とは名ばかりの厳しい寒さが続きますが、お変わりなくお過ごしのこととお喜び申し上げます。
- 立春を迎え、ますますご活躍のことと存じます。
- 余寒お見舞い申し上げます。
- ようやくうぐいすの初音が聞かれる頃となりました。
- 寒空の下、梅の香が春の訪れを告げているようです。
- 春まだ浅いこの頃ですが、お元気でお過ごしですか？
- 春が待ち遠しい頃となりました。

結びの言葉

- 余寒なお厳しい折から、くれぐれもご自愛くださいますようお祈り申し上げます。
- 春も近いとはいえ、まだ寒さが続きます折りから、何卒ご油断なさいませんようお願いいたします。
- 寒さがまだ続きそうですから、お風邪などおめしになりませんよう。
- 季節の変わり目を迎えます。お体大事になさってください。
- 春ももうすぐですね。どうかお元気で。
- お互い寒さにまけずにがんばりましょう。
- しばらく春とは名のみの寒さが続くようでございます。何卒ご自愛ください。
- 幸多き春の門出となりますよう、お祈り申し上げます。

5章　季節のあいさつ／1月・2月

3月のあいさつ 弥生

時候の表現（〜の候/〜のみぎり/〜の折）
早春・浅春・仲春・春寒・春暖・春陽・春分・解氷　など

書き出しの言葉

- 春陽の候、ますますご清祥のこととお喜び申し上げます
- 春未だ浅く、寒い日が続いておりますが、ご健勝のことと拝察いたします。
- 仲春のみぎり、皆様には健やかにお過ごしのこととお喜び申し上げます。
- 一雨ごとに暖かさの増す今日この頃、お元気でお過ごしのことと存じます。
- 日増しに春めいてまいりました。ますますご活躍のことと拝察いたします。
- 待ちに待った春がやってきましたね。
- 桃の花咲く季節となりました。
- 街を歩く人の服の色も明るくなってきましたね。
- 春光おだやかな季節となりました。お変わりありませんか。
- 桃の節句も過ぎ、春らしくなってまいりました。
  皆様お元気でお過ごしのことと思います。

結びの言葉

- 春とはいえ寒さが残ります今日この頃、お体には十分お気をつけられますよう祈ります。
- 春寒の折から、くれぐれもご自愛くださいますよう、お祈り申し上げます。
- 季節の変わり目で、天候が不順な日が続いております。
  ご自愛のうえご活躍のほど、お祈り申し上げます。
- まだ余寒が身に沁みます折から、何卒ご自愛専一にてご精励ください。
- まだ肌寒い日が続きますね。どうかお体に気をつけて。
- まだまだ春とは名ばかりのようです。ご自愛くださいませ。
- 何かと体調を崩しやすい時期です。油断は禁物。お体大切に。
- お彼岸を過ぎたというのに、朝夕は冷え込みます。
  風邪などひかれませんように。

4月のあいさつ
卯月（うづき）

時候の表現（〜の候／〜のみぎり／〜の折）

陽春・春暖・仲春・春爛漫（はならんまん）・春風駘蕩（しゅんぷうたいとう）・桜花（おうか）・桜花爛漫・清和（せいわ）・春日（しゅんじつ）・温暖・惜春（せきしゅん）　など

書き出しの言葉

- 陽春（ようしゅん）の候、皆様には益々ご清栄のこととお喜び申し上げます。
- 春爛漫（らんまん）のみぎり、皆様お健やかにお過ごしのことと存じます。
- 春風駘蕩（しゅんぷうたいとう）の候、ますますご活躍のことと拝察申し上げます。
- 桜の便りが各地から聞かれる頃となりました。
- 桜の花も美しく咲きそろいました。皆様におかれましては、ますますご健勝のこととお喜び申し上げます。
- 春もたけなわの頃となりました。
- 散る花に春を惜しむ季節となりました。
- 何か新しいことを始めたくなる4月ですね。
- のどかな陽気の日々となりました。
- すっかり暖かくなりました。

結びの言葉

- 花冷えの時節柄、ご自愛くださいますようお願い申し上げます。
- 春爛漫を満喫なさって、ご活躍のほどお祈り申し上げます。
- 天候の定まらぬ季節でございます。どうかご自愛ください。
- 行く春を惜しみつつ、さらなるご発展を祈念いたします。
- どうかこののどかな春を楽しまれますように。
- そちらの花の便りもお聞かせください。
- 春は新しいことを始めたくなる季節。
  お互い、実り多い日々を過ごしましょう。
- 春とはいえ肌寒い日が続きますので、お体に気をつけて。
- 新しい任地でのますますのご発展をお祈りしています。

5月のあいさつ 皐月(さつき)

時候の表現（〜の候/〜のみぎり/〜の折）

新緑・若葉・惜春(せきしゅん)・暮春(ぼしゅん)・残春(ざんしゅん)・老春(ろうしゅん)・向暑(こうしょ)・立夏(りっか)・葉桜(はざくら)・初夏・万緑(ばんりょく)・薫風(くんぷう) など

書き出しの言葉

- 新緑の候、ますますご壮健(そうけん)のこととお喜び申し上げます。
- 惜春(せきしゅん)のみぎり、皆様にはご清栄のことと存じます。
- 薫風(くんぷう)のみぎり、お元気でご活躍のことと存じます。
- 萌える若葉が目に沁(し)みる季節となりました。お元気でお過ごしでしょうか。
- 五月晴(さつきば)れの好天が続く今日この頃、皆様にはご清祥のこととお喜び申し上げます。
- 空澄み渡り、心地よい季節になりましたが、いかがお過ごしですか。
- ゆく春の惜しまれるこの季節、皆様お元気ですか。
- 風薫るさわやかな季節となりました。
- 向暑のみぎり、お変わりなくご活躍のこととお喜び申し上げます。

結びの言葉

- 過ごしやすい季節ですが、なお一層ご自愛くださいますようお願い申し上げます。
- どうかお健やかに新緑の季節をお楽しみください。
- 向暑(こうしょ)の折から、くれぐれもご自愛くださいませ。
- 梅雨(つゆ)入りも間近なようでございます。体調を崩されませんようお気をつけくださいませ。
- 季節の変わり目ですので、お体には十分ご留意ください。
- 一年で一番過ごしやすい季節です。益々のご健勝をお祈り申し上げます。
- 心地のよいシーズンです。どうか健やかにお過ごしください。
- 梅雨入りが近いようですね。くれぐれも体調をくずされませんように。
- もう夏も違いようですから、どうぞお元気で。

6月のあいさつ 水無月(みなづき)

時候の表現(〜の候/〜のみぎり/〜の折)
入梅(にゅうばい)・梅雨(ばいう)・初夏・薄暑(はくしょ)・青葉・麦秋(ばくしゅう)・小夏(こなつ) など

書き出しの言葉

- 梅雨(ばいう)の候、ますますご清栄のこととお喜び申し上げます。
- 梅雨空のうっとうしい毎日ですが、皆様にはご壮健のこととお喜び申し上げます。
- さわやかな初夏季節となりましたが、いかがお過ごしですか。
- 青田を渡る風もさわやかな季節となりました。
  ○○様におかれましては、お変わりなくご活躍のことと存じます。
- 雨に濡れた紫陽花(あじさい)が目に鮮やかです。お元気でお過ごしでしょうか。
- 今日は梅雨の晴れ間の青空が広がりました。いかがお過ごしですか。
- そろそろ海や山の恋しい季節ですね。
- 久しぶりの青空に夏の気配を感じるこの頃ですね。

結びの言葉

- 季節の変わり目です。どうかお体に気をつけてください。
- 梅雨寒(つゆざむ)の日もございますので、お風邪などめされませんよう、くれぐれもご自愛ください。
- 薄暑(はくしょ)のみぎり、お体大切に。
- 天候不順の折柄、くれぐれもご健康にご留意ください。
- 梅雨明けまでもう少し。十分ご自愛くださいませ。
- うっとうしい毎日ですが、お元気でお過ごしくださいますようお祈り申し上げます。
- 梅雨明けまであとわずか。お互い体に気をつけて、夏を迎えましょう。
- 楽しい夏はすぐそこです。どうかお体に気をつけて。
- 梅雨寒の日が続きそうです。どうか無理をしないよう。

7月のあいさつ

文月（ふみづき）

時候の表現（〜の候／〜のみぎり／〜の折）
盛夏（せいか）・酷暑（こくしょ）・炎暑（えんしょ）・極暑（ごくしょ）・大暑（たいしょ）・猛暑（もうしょ）・仲夏（ちゅうか）・三伏（さんぷく）　など

書き出しの言葉

- 盛夏の候、ますますご清祥のこととお喜び申し上げます。
- 酷暑のみぎり、皆様ご健勝でお過ごしのこととお喜び申し上げます。
- 炎暑の候、いかがお過ごしでしょうか。
- 梅雨も明け、夏の青空のまぶしい季節となりました。
- 毎日うだるような暑さが続いておりますが、
  皆様にはお健やかにお過ごしのことと存じます。
- 日ごとに暑さが増してまいりました。いかがお過ごしですか。
- 太陽がまぶしい季節となりました。
- いよいよ海水浴のシーズン到来です。
- 入道雲がわきたつ季節となりました。
- 暑い日が続きますが、ご活躍のことと思います。

結びの言葉

- 酷暑の折から、くれぐれもお体をお大切に。
- 今年は例年にない暑さとか、ご一同様のご無事息災をお祈り申し上げます。
- 暑さなお厳しい折から、どうぞご自愛くださいませ。
- 皆様、夏風邪などめされませんように。
- ご壮健にて、この暑さを乗り越えられますようお祈り申し上げます。
- 寝苦しい夜が続きます。体調には十分にご留意くださいませ。
- 暑さに負けず、ご活躍ください。
- 夏バテなどされませんように、ご自愛ください。
- どうか楽しい夏休みをお過ごしください。
- まだまだ猛暑の日々です。お気をつけて。

8月のあいさつ

葉月(はづき)

時候の表現(〜の候/〜のみぎり/〜の折)

残暑(ざんしょ)・残夏(ざんか)・晩夏(ばんか)・立秋(りっしゅう)・初秋(しょしゅう)・秋暑(しゅうしょ)・新涼(しんりょう)・早涼(そうりょう)・向秋(こうしゅう) など

書き出しの言葉

- 残暑堪えがたく、お見舞い申し上げます。
- 晩夏の候、ますますご清祥のこととお喜び申し上げます。
- 残夏のみぎり、お変わりなくご活躍のことと拝察いたします。
- 立秋の候、赤とんぼが飛ぶ季節となりました。いかがお過ごしでしょうか。
- 吹く風に秋の気配を感じるこの頃となりました。
  皆様お元気でお過ごしでしょうか。
- 立秋とは名ばかりの暑い日が続いております。
- このところ熱帯夜が続いていますね。
- ようやく暑さも峠を越したようです。いかがお過ごしでしたか。

結びの言葉

- 残暑なお厳しい折から、どうかご健康にはご留意ください。
- ご家族の皆様、夏風邪、夏バテには十分にご注意ください。
- もうしばらく残暑が続くようです。くれぐれもお体大切に。
- まずは残暑のお見舞いを申し上げます。
- どうかご自愛くださり、お元気で秋をお迎えください。
- 朝夕はしのぎやすくなりましたが、どうか油断なさらず
  お体大事になさってください。
- まだまだ暑さは続くようですので、どうかお体を大切に。
- 残暑も残りわずかです。お体に気をつけて。
- まだまだ暑い日が続きますが、夏バテしないよう
  お互い気をつけて秋を迎えましょう。
- これから夏の疲れがでる時期です。
  無理をしないでお仕事がんばってくださいね。

9月のあいさつ 長月（ながつき）

時候の表現（〜の候／〜のみぎり／〜の折）
初秋・新秋・新涼（しんりょう）・清涼（せいりょう）・微涼（びりょう）・白露（はくろ）・盂秋（もうしゅう）・秋晴（しゅうせい）・早秋・爽秋（そうしゅう）　など

書き出しの言葉

- 初秋の候、皆様にはご清祥のこととお喜び申し上げます。
- 秋涼（しゅうりょう）のみぎり、ご一同様にはお元気でお過ごしの由、なによりと存じます。
- 天高く馬肥ゆる秋となりました。いかがおすごしでしょうか。
- 爽涼（そうりょう）の秋となりました。皆様にはご壮健のこととお喜び申し上げます。
- 実りの秋を迎え、ますますご活躍のことと存じます。
- しのぎよい季節となってまいりました。
  ますますご健勝のことと拝察（はいさつ）いたします。
- 台風一過、野も山も秋の色に染まってまいりました。
- 暑さ寒さも彼岸（ひがん）までとか。風の快い季節となりました。
- ようやく過ごしやすい季節いなりました。
- 日に日に秋の色が増してきましたね。
- 虫の声が涼しげに聞こえる日々となりました。

結びの言葉

- いまだに残暑が続いております。一層のご自愛をお祈り申し上げます。
- 気候不順の折から、お風邪などめされぬようお祈りいたします。
- 台風の被害があちこちで聞かれます。何卒ご用心ください。
- 長雨の季節ですから、お風邪などめされませんようお気をつけください。
- どうか健康にご留意されて、さわやかな秋を満喫なさってください。
- めっきり涼しくなりました。お風邪などひかれませんように。
- さわやかな秋を満喫されますよう。
- 心地よい季節を迎え、ますますのご発展をお祈りしています。
- 季節の変わり目です。ご家族の皆様にも健康には
  十分お気をつけください。

10月のあいさつ

神無月（かんなづき）

時候の表現（〜の候/〜のみぎり/〜の折）
仲秋・秋冷（しゅうれい）・爽涼（そうりょう）・夜長・秋雨（しゅうう）・菊花・紅葉・寒露（かんろ）・霜降（そうこう）・初霜・錦秋（きんしゅう）　など

書き出しの言葉

- 仲秋（ちゅうしゅう）の候、ますますご健勝のこととお喜び申し上げます。
- 秋冷（しゅうれい）のみぎり、皆様にはますますご壮健のこととお喜び申し上げます。
- 菊花（きっか）の薫（かお）る時節となりました。お変わりなくご活躍のことと拝察いたします。
- 紅葉の季節となりました。ますますご清祥でご活躍のこととお喜び申し上げます。
- 味覚の秋となりました。
  皆様におかれましてはますますご健勝のことと存じます。
- うららかな秋晴れが続いております。
- 秋色いよいよ濃く、夜長の頃となりました。

結びの言葉

- 日増しに肌寒くなります。どうぞお体大切に。
- 朝夕は冷えてまいりました。くれぐれもご自愛くださいますようお祈りいたします。
- 秋雨のみぎり、何卒お体を大切になさってください。
- 好季節（こうきせつ）となりました。ますますのご活躍をお祈りしています。
- 秋冷の折から、お風邪などめされぬようどうぞお健やかにお過ごしください。
- 秋の夜長とはいえ夜風は体にさわります。
  くれぐれも無理をなさらないよう。
- 深まりゆく秋の日々をお健やかにお過ごしください。
- どうかお体に気をつけて、実りの秋を満喫なさってください。

11月のあいさつ
霜月（しもつき）

時候の表現（〜の候／〜のみぎり／〜の折）
晩秋（ばんしゅう）・季秋（きしゅう）・暮秋（ぼしゅう）・深秋（しんしゅう）・深冷（しんれい）・向寒（こうかん）・夜寒（よかん）・初霜（はつしも）・初雪・氷雨（ひさめ）・落葉（らくよう）・菊花（きっか）・残菊（ざんぎく）　など

書き出しの言葉

- 晩秋の候、皆様には益々ご清祥のこととお喜び申し上げます。
- 向寒（こうかん）のみぎり、皆様にはご健勝でご活躍のことと存じます。
- 深冷（しんれい）の折、ご一同様にはお変わりなくお過ごしのことと
  お喜び申し上げます。
- 枯葉舞う季節となりました。お元気でお過ごしでしょうか。
- 秋も暮れて冷気も深まる今日この頃、皆様にはお変わりなく
  お過ごしのことと存じます。
- 野山の様子もすっかり変わり、冬支度に忙しい季節となりました。
- 行く秋の寂しさを感じさせる今日この頃、
  お健やかにお過ごしのことと存じます。
- 日がめっきりと短くなってきましたね。
- 落ち葉の季節となりました。

結びの言葉

- 日に日に寒さがつのってまいります。お風邪などめしませんように。
- うららかな小春日和（こはるびより）★が続いておりますが、
  冬の寒さはもうそこまで来ております。どうかお体大切に。
- 向寒のみぎり、くれぐれもご自愛くださいませ。
- 師走（しわす）に向けて、お忙しい時期を迎えられることと存じます。
  くれぐれも体調を崩されぬよう。
- 木枯らしの季節、どうかお風邪などひかれませんように。
- どうぞ夜寒にお気をつけて。
- めっきり冷え込むようになりました。ご自愛ください。
- 日ごとに寒さが増しますが、お体に気をつけて。

★小春日和は寒い時期に訪れる、春のように暖かい気候のこと。

12月のあいさつ 師走(しわす)

時候の表現（〜の候／〜のみぎり／〜の折）

師走・歳末(さいまつ)・年末・歳晩(さいばん)・初冬・寒冷・
初雪・新雪・孟冬(もうとう)・寒気・極月(ごくげつ)・大雪(たいせつ)
など

書き出しの言葉

- 師走の候、皆様にはますますご隆昌(りゅうしょう)のこととお喜び申し上げます。
- 寒冷のみぎり、皆様にはますますご清祥のこととお喜び申し上げます。
- 初冬の候、皆様にはますますご壮健にてご活躍のことと拝察いたします。
- 例年にない暖かな師走となっております。お変わりありませんか。
- 年の瀬を迎え、ご多忙な日々をお過ごしのことと思います。
- 本年も残り少なくなりました。いかがお過ごしですか。
- 今年もいよいよ押し詰まってきましたが、
  お元気でお過ごしのことと存じます。
- 厳しい寒さが身に沁みる季節ですね。
- 木々もすっかり裸木となりました。
- ポインセチアの赤が目に鮮やかな季節となりました。

結びの言葉

- 寒冷のみぎり、何卒お気をつけて年末をお過ごしください。
- 新春のお支度に何かとお忙しい折から、
  くれぐれも体を大事になさってください。
- 本年中はいろいろとありがとうございました。
  明年もよろしくお願い申し上げます。
- 迎春の準備にお忙しいことと存じますが、
  お風邪などめされませんようご留意ください。
- 寒さ厳しき折から、ご自愛の上、
  ご家族おそろいでよいお年をお迎えください。
- ではよいお年をお迎えください。
- 気忙しい毎日ですが、お体には十分に気をつけてください。

結婚祝い
前文と末文

POINT お祝いの手紙では、「近々」「ますます」「くれぐれも」などの「重ね言葉」は使わないようにしましょう。

前文の文例

- このたびはご結婚おめでとうございます。
 また、披露宴にご招待いただき、感激しています。
 喜んで出席させていただきます。

- ご結婚のご報告、本当に喜んでいます。お相手は同僚の方だとか。
 ○○さんの選ばれた方だから、さぞかし素敵な方なのでしょうね。

- ○○さん、ご結婚なさるのですね。おめでとうございます。
 突然の嬉しいご報告に驚き、感激しています。
 ご両親もさぞかしお喜びのことでしょう。

- ○○さん、晴れてゴールインですね。本当におめでとうございます。
 また、披露宴にお招きいただき本当にありがとうございます。

- 梅の花が咲く季節になりました。
 このたびは結婚式の日取りが決まったとのこと。
 心からお祝い申し上げます。

末文の文例

- 晴れの日も間近となり、なにかとお忙しい毎日かと思います。
 お体にはどうかお気をつけてください。
 当日は、美しい花嫁姿を拝見するのを楽しみにしています。

- 晴れの日を前にお風邪など召しませんよう、お体には気をつけてください。
 当日を楽しみにしております。
 お二人の幸せを祈り、まずはお祝いまで。

- 当日、どうしても避けられない用事があり出席できません。
 ○○さんの晴れの姿を見られなくて残念です。本当にごめんなさい。
 あとでビデオや写真を見せてくださいね。

- 楽しいご家庭を築き上げられることと期待しております。
 お祝いの品を別便で送りました。お気に召すといいのですが。
 末筆ながらご家族のみなさまにもよろしくお伝えください。

結婚祝いへのお礼
前文と末文

POINT お礼状はできるだけ早く出すこと。今後のお付き合いのお願いや抱負も添えましょう。

前文の文例

- このたびの私どもの結婚に際しましては、お心のこもったお祝いを頂戴いたしまして、誠にありがとうございました。感謝の念でいっぱいです。

- 本日は、ご丁寧なお祝い状とお祝いの品を頂戴し、恐縮です。
  また、披露宴にもご列席いただけるとのこと。この上ない喜びでございます。

- このたびは、お心のこもったお言葉とお品を賜り、大変恐縮です。
  心よりお礼申し上げます。人生の門出にこれほどの喜びはありません。

- 先日は、ご多用中のところ私どもの結婚式にご出席いただき、誠にありがとうございました。また、過分なお祝いまで頂戴し、感謝の念でいっぱいです。

- このたびの私どもの結婚に際しまして、披露宴にご参列いただき、
  お心づくしのお祝辞まで賜りまして、厚くお礼を申し上げます。
  また、心づくしの祝いの品をお送りいただき恐縮です。

末文の文例

- ささやかながら、内祝いの品をお送り申し上げましたので、ご笑納ください。
  末筆ながら、ご家族の皆様のご多幸をお祈り申し上げます。

- 結婚式の写真を同封いたしますので、お納めください。
  何分にも未熟な二人ですが、これからもご指導ご支援を賜りますよう、
  よろしくお願い申し上げます。

- 頂戴しましたフォトフレーム、洗練されたデザインで、さすが〇〇さまのお見立てと感心しております。まずはお礼かたがたごあいさつを申し上げます。

- 頂戴しましたティーセット、大切に使わせていただきます。新居にもぜひ遊びにいらしてください。時節柄、どうかご自愛くださいますように。

- 〇〇様の励ましのお言葉を胸に、二人で温かい家庭を築いてまいります。
  とはいえ、まだまだわからないことばかりの二人です。
  今後も変わらずご指導賜りますようお願い申し上げます。

出産祝い
前文と末文

POINT 「流れる」「落ちる」「消える」「失う」「衰える」「苦しむ」「破れる」「崩れる」「四（死）」などの忌み言葉に注意しましょう。

前文の文例

◆ 先日、○○様には男児ご安産とのこと、
皆様のご安堵とご喜悦、いかばかりかと拝察いたしております。
○○様もお子様もご健在とうかがい、私どもも喜ばしく存じます。

◆ このたびはご出産おめでとうございます。
念願の女の子とのこと、お二人の嬉しそうなお顔が目に浮かびます。
赤ちゃんはお父さん似でしょうか、お母さん似でしょうか。

◆ ご出産おめでとうございます。
母子ともにお元気とお聞きして、安心いたしました。
待望の初孫のご誕生にご両親もさぞお喜びのことでしょう。

◆ 元気いっぱいの男の子のご誕生おめでとうございます。
初産ということで心配していましたが、
○○さんも赤ちゃんもお元気でなによりです。

忌み言葉（170ページ）に注意しよう

末文の文例

◆ ご長女が健やかに、幸せに育つことを心よりお祈りしています。
○○様も産後が大事ですので、くれぐれもご自愛くださいませ。
まずはお祝いまで申し上げます。

◆ ご出産のお祝いまでに、心ばかりの品をお送りしました。
どうぞお納めくださいませ。
あなたとお子様のご健康と、ご家族のご多幸をお祈りいたします。

◆ ○○ちゃんも兄弟ができてさぞかしお喜びでしょう。
にぎやかなご家族の様子が目に浮かぶようです。
産後のご養生は大事ですから、くれぐれもご自愛くださいませ。

◆ 母は強しと言いますが、くれぐれも無理をなさらないように。
すぐにも会いにうかがいたいのですが、今は休養第一、
お祝いの品を別便にて送りますね。

出産祝いへのお礼
前文と末文

POINT お礼はすぐに書きます。いただき物へのお礼や感想、母子の近況も添えるといいでしょう。

前文の文例

- 長男○○の出産に際しましては、お心のこもったお祝いをいただき、ありがとうございました。
  心より感謝しています。早いもので生後半月となりますが、○○も私も元気いっぱいです。

- このたびは長女の出産にあたり、お心遣いをいただきましてありがとうございました。
  おかげさまで、母子ともども健やかに過ごしております。

- 今日、素敵なベビードレスが届きました。ありがとうございます。
  慣れない育児に戸惑いながら、ばたばたと過ごしていますが、親となった喜びを日々実感しています。

- 長女○○の出産に際しまして、早々に結構なお祝いの品をお送りいただきまして、誠にありがとうございました。
  おかげさまで、産後の経過も順調で、母子ともども元気で過ごしております。

末文の文例

- こちらにお出向きの折は、ぜひお立ち寄りくださいませ。
  家族ともどもお待ち申し上げております。まずはお礼かたがたごあいさつまで。

- 皆様には、今後ともよろしくご指導くださいますようお願いいたします。
  なお、心ばかりの内祝いをお送りいたしますので、お納めくださいませ。

- 近くにいらっしゃることがありましたら、ぜひ一度、子どもの顔を見にいらしてください。まだまだ残暑が続きます。どうかお体に気をつけてお過ごしください。まずは取り急ぎお礼のみにて。

- 毎日ばたばたと過ごしておりますが、○○の笑顔に癒されます。
  親は子に育てられるとは本当ですね。これからも先輩ママとしていろいろと教えてくださいませ。

暑中見舞い
前文と末文

POINT 暑中見舞いは、梅雨明け7月15日頃〜立秋（8月7日頃）までに出します。立秋以降は残暑見舞いとなります。

前文の文例

- 暑中お見舞い申し上げます。
  毎日うだるような暑さが続いておりますが、
  皆様にはお変わりございませんか。

- 暑中お伺い申し上げます。
  酷暑のみぎり、○○様にはご健勝のことと拝察申し上げます。
  おかげさまで私は◎◎の職務に精勤いたしております。

- 今年の暑さは格別ですが、○○様にはお変わりございませんか。
  おかげさまで私どもは元気に過ごしておりますので、どうぞご休心ください。

- 暑中お見舞い申し上げます。
  連日の猛暑続きですが、いかがお過ごしでしょうか。

- 暑中おうかがい申し上げます。
  今夏は例年に比べ格別な炎暑となりましたが、
  皆さまにはお元気でお過ごしのことと存じます。

末文の文例

- しばらくこの暑さが続くようですが、
  皆さまお健やかに秋をお迎えくださいますようお祈りいたします。

- 酷暑の折から、○○先生には何卒ご自愛のほどお祈り申し上げます。

- 今年は残暑も厳しいと聞きました。
  お体を大事になさってください。

- お盆明けまで暑さは続くようです。
  おからだにはくれぐれもご留意くださいませ。

- 近いうちにお会いして暑気払いに一杯やりませんか。
  ご連絡を待っています。酷暑の折、くれぐれもご自愛のほど、祈ります。

お中元の添え状
前文と末文

POINT 「つまらないものですが」など謙遜し過ぎは嫌味になります。贈った物を選んだ理由なども添えるといいでしょう。

前文の文例

◆ 厳しい暑さが続いておりますが、皆様お変わりなくお過ごしのことと存じます。
本日、日頃のご無沙汰のお詫びのしるしとして心ばかりの品を送らせていただきました。

◆ 拝啓　緑陰(りょくいん)のありがたい季節の到来となりましたが、
皆様ご健勝のことと存じます。
平素は格別のご配意を賜り深謝いたします。
日頃のお礼のしるしまでに、お中元の品をお贈りします。

◆ このたびは、○○にあたり、ひとかたならぬお骨折りをいただきまして、
誠にありがとうございました。
お世話になりました御礼のしるしまでに、心ばかりの品をお送りいたしました。

◆ いつもなにかにつけてご親切にしてくださりありがとうございます。
さて本日、こちらの特産の○○をお送りいたしました。
お手元に届いてから二、三日後が食べごろとのこと。どうぞご賞味ください。

末文の文例

◆ お納めいただければ幸甚(こうじん)に存じます。くれぐれもお気にかけられませんよう。
時節柄、どうぞご自愛のほどお祈り申し上げます。

◆ ご笑納(しょうのう)いただければ幸いです。
まだまだ暑い日が続きます。どうかお体大事になさってください。
まずは、ごあいさつまで。

◆ どうかお納めください。向暑(こうしょ)のみぎり、お体お大切にと祈ります。
今後とも、何卒よろしくお願い申し上げます。

◆ これからが夏本番。お体には十分気をつけてお過ごしください。
まずはお中元のごあいさつまで。

◆ 皆様でお召し上がりください。お口に合えばよいのですが。
時節柄、皆様には十分ご自愛のほどお祈り申し上げます。
まずは拝送のご通知のみ申し述べます。

お中元のお礼
前文と末文

POINT できるだけ早く出します。喜びの気持ちを素直に伝え、贈り物のおいしさや有用さを具体的に述べると相手にも喜ばれます。

前文の文例

- 本日、お中元のごあいさつと素敵な贈り物をいただきました。お気遣いありがとうございます。暑い季節になによりの贈り物です。

- このたびは、好物の○○を頂戴し、誠にありがとうございました。早速、皆でいただきました。日頃お世話になっておりますのにこのようなお心遣いをいただき、恐縮しております。

- このたびは、お珍しいお品をありがとうございます。さすがに本場のものは、ひと味もふた味も違いますね。皆でありがたく堪能させていただきました。

- このたびは、涼味にあふれるお品をお送りくださいまして、誠にありがとうございました。家族そろって旬の味を賞味させていただきました。

末文の文例

- 暑さ厳しき折柄、どうぞご自愛くださいませ。まずは書中にてお礼申し上げます。

- いつも変わらぬご配慮に感謝申し上げます。しばらくは暑い日が続きそうです。どうぞご自愛くださいませ。末筆ながら、ご一家のますますのご健勝をお祈りいたします。

- 夏風邪がはやっているようでございます。どうか健康に留意なされ、お元気にお過ごしください。まずはお礼までにて失礼いたします。

- 暑いさなか、お元気でいらっしゃるようでなによりです。こちらも皆元気で変わりなく過ごしておりますので、どうぞご休心ください。まずは安着のお知らせとお礼まで。

- 今後はお気持ちだけ頂戴いたしますので、何卒お気遣いなさらぬようお願い申し上げます。時節柄、くれぐれもご自愛くださいますようお祈り申し上げます。

お歳暮の添え状
前文と末文

POINT 12月初旬から20日頃までに送ります。手配が遅れてしまったら、正月の松の内（1月6日）までにお年賀として贈ります。

前文の文例

◆ 年の瀬を迎え、なにかと慌ただしくなってまいりましたが、
お元気でお過ごしのことと存じます。
さて、お歳暮のおしるしまでに、当地名産の○○を別便にて
ご送付いたしました。

◆ 早く師走の風に追い立てられる季節となりました。
年越しのご準備にお忙しくお過ごしのことと存じます。
さて、今年1年の感謝の気持ちを込め、○○をお送りいたしました。

◆ 本年中は何かとお世話になり、ありがとうございました。
つきましては、日頃のご厚誼に感謝の意を込めまして、
別便にて心ばかりの品をお送りいたしました。

末文の文例

◆ 地元でも行列のできる名店の品です。お口に合うといいのですが。
ますます寒くなってきますが、どうか風邪など召されませんように。
ご家族で素晴らしい新年をお迎えください。

◆ 慌ただしい年の瀬ですが、くれぐれもご自愛くださり、
よいお年をお迎えください。
まずはお歳暮のごあいさつまで申し上げます。

◆ 毎年変わり映えのしないもので恐縮ですが、ご笑納いただければ幸いです。
来年も変わらずよろしくお願い申し上げます。

◆ 久しくお目にかかっておりませんが、皆様のご厚誼には日々感謝しております。
来年が皆様にとってよりよい年になりますことを心よりお祈りしております。

◆ ますます寒さが厳しくなってきます。年末に向けて体調を崩さないよう、
どうかご自愛ください。まずはごあいさつまで。

5章 お中元のお礼／お歳暮の添え状

お歳暮のお礼
前文と末文

POINT お礼はなるべく早く出すこと。ありがたい理由を具体的に述べると、さらに感謝の気持ちが伝わります。

前文の文例

- 拝復　このたびは結構なお品を頂戴し、恐縮の至りに存じます。
  普段なにも行き届きませんのに、このようにお心をかけていただき、
  深謝いたします。

- 本日、ご丁寧なお手紙とともに、産直の新鮮な○○が届きました。
  何のお世話などしていませんのに、身に余るご厚情、
  誠にありがとうございます。

- このたびは、お心のこもったお歳暮とお手紙をお送りくださり、
  誠にありがとうございました。思いがけない贈り物に、家族一同大騒ぎです。
  皆で遠慮なく堪能させていただきました。

- このたびは、ご丁寧なごあいさつとともに結構なお品をお送りくださり、
  誠にありがとうございました。
  お正月を迎えるのに何よりのお品、お言葉に甘えて頂戴いたします。

末文の文例

- 慌ただしい年の暮れ、どうかお健やかにお過ごしください。
  本年のご厚情に対し、心よりの感謝をこめてひと言お礼まで申し述べます。

- 寒冷のみぎり、ご自愛のうえ、ご家族おそろいで
  よいお年をお迎えくださいませ。
  まずは略儀ながら書中をもってお礼申し上げます。

- 忘年会シーズンですね。酒量はほどほどに。
  健康にはくれぐれもご留意の上、良いお年をお迎えください。

- 本格的な寒さがやってきます。どうか風邪などお召しにならないよう、
  健やかによい年の瀬とお正月をお迎えください。
  まずは書中をもって、感謝申し上げます。

- 御用納めまでもう少しですね。
  今年一年、大変お世話になりました。
  来年も今年同様、よろしくお願い申し上げます。

年賀状
前文と末文

POINT 儀礼文ですから、格調高い文体で。年賀状には賀詞のほかに長々した文章を書かないのがルールです。

前文の文例

- 謹賀新年
  昨年週はひとかたならぬご厚誼をいただきまして、
  誠にありがたく、厚く御礼申し上げます。

- 謹んで新春のご祝辞を申し上げます。
  旧年中はなにかとお世話になり、誠にありがとうございました。

- 恭賀新年
  昨年中は公私にわたって格別のご高配を賜り、
  誠にありがとうございました。

- 迎春
  皆様にはつつがなく新春をお迎えのこととお喜び申し上げます。
  今年も幸多き一年となりますようお祈り申し上げます。

- 明けましておめでとうございます。
  お幸せな新年をお迎えのこととお喜び申し上げます。
  おかげさまで、私どもも健やかに過ごしております。

末文の文例

- 本年も、何卒よろしくお導きのほどお願い申し上げます。

- 本年も変わらぬご厚誼のほどお願い申し上げます。

- 本年も何卒ご指導を賜りますよう、心からお願い申し上げます。

- 今年こそ飛躍の年にしたいものと、心に銘じております。
  ○○様のご壮健を祈ります。

- 本年も変わらぬお付き合いのほど
  何卒よろしくお願い申し上げます。

- 皆様のご健康とご多幸をお祈り申し上げます。
  まずは新年のごあいさつまで。

年賀状の返礼
前文と末文

POINT 日付は元旦ではなく当日付にしておきます。喪中の方へのあいさつや松の内を過ぎた場合は「寒中見舞い」とします。

前文の文例

- 謹賀新年
  ご丁寧に新年のご祝詞(しゅくし)を賜りありがとうございました。
  年末多忙のため、ご答礼が遅れまして、誠に申し訳ございません。

- 恭賀新年
  はやばやと新年のご祝詞をいただきましてありがとうございました。

- 謹んで新春のお慶びを申し上げます。
  ご丁寧にお年賀を賜りまして、厚くお礼申し上げます。

- 謹賀新年
  年頭のご祝詞をいただきながら、ご答礼が遅れまして、大変申し訳ありません。

〈返事が松の内を過ぎてしまった時の寒中見舞いの例〉
- 寒中お見舞い申し上げます。
  皆様におかれましてはお健やかにお過ごしのこととお慶び申し上げます。
  旧年中は大変お世話になりありがとうございました。
  新年のごあいさつが遅くなり、大変失礼いたしました。

末文の文例

- 本年も倍旧のご芳情(ほうじょう)を賜りますよう、
  心よりお願い申し上げます。

- ○○の件ではなにかとお力添えをいただき、
  心より感謝いたします。

- 本年も変わらぬご厚誼(こうぎ)のほど、
  何卒よろしくお願い申し上げます。

- 失礼の段をお詫びいたしますとともに、
  本年も何卒よろしくお願い申し上げます。

- 本年も引き続きまして、ご厚誼のほどお願い申し上げます。
  ご家族皆さまのご多幸をお祈りいたします。

- 皆様のご健康とご多幸をご祈念いたします。
  本年も変わらぬご交誼のほど心よりお願い申し上げます。

年賀状(喪中欠礼) 前文と末文

もちゅうけつれい

POINT 喪中欠礼は11月末〜12月初旬に届くように出します。喪中となるのは自分の一親等と同居する二親等に当たる人が一般的です。

前文の文例

※あらたまった相手への喪中欠礼では「。」「、」などの句読点は使用しません。

◆ 喪中につき年末年始のごあいさつをご遠慮申し上げます
　本年〇月に父〇〇が享年〇〇歳にて逝去いたしました

◆ 喪中につき年末年始のごあいさつをご遠慮申し上げます
　去る〇月に父〇〇が〇〇歳にて永眠いたしました

◆ 喪中につき年末年始のごあいさつをご遠慮申し上げます
　長らく療養しておりましたが　その甲斐もなく〇月〇日に永眠いたしました
　享年〇〇歳でした

◆ 母〇〇の喪に服しておりますので　年末年始のごあいさつを失礼させていただきます

◆ 父〇〇の喪中につき　年末年始のごあいさつをご遠慮させていただきます
　本年〇月　急性肝炎のため父が他界いたしました

末文の文例

◆ ここに故人にお寄せいただいたご厚情を深謝いたすとともに
　明年も変わらぬご交誼のほどをお願い申し上げます

◆ 故人の生前にはひとかたならぬお世話になりました
　心より厚くお礼申し上げます

◆ ここに生前のご厚誼を深謝いたしますとともに
　皆様にはよきお年をお迎えくださいますよう　お祈り申し上げます

◆ 年賀欠礼の段　平にご容赦のほどお願い申し上げます

◆ 向寒の折から　皆様にはご自愛のほど　お祈り申し上げます

〈喪中に年賀状を出したときの詫び状の例〉

前文
寒中お見舞い申し上げます。
このたびは大変失礼をいたしました。
ご服喪中とは存じませず、
お年始のあいさつを申し上げました。
非礼、何卒お許しください。

末文
遅ればせながら、
謹んでご尊父様（ご母堂様）の
ご冥福をお祈り申し上げます。
向寒の折から、なにとぞ
ご自愛のほどお祈り申し上げます。

COLUMN

忌み言葉に気をつけよう

お祝い事に水を差す言葉、不幸が繰り返すことを連想させる言葉などを"忌み言葉"と言います。使用を避けるか、別の言葉に言い換えましょう。

◆結婚に関する忌み言葉

Point 別れる、壊れるなどの意味を持つ言葉、もう一度を連想させる重ね言葉を避ける。

> 別れる・切れる・離れる・去る・終わる・戻る・破れる・割れる・重ね重ね・返す返す・再び・再度・まだまだ・皆々様・近々 など

言い換え例

ますますお幸せに
　➡ 末永くお幸せに

長い独身生活が終わり
　➡ 二人の新しい人生が始まり

◆お見舞いに関する忌み言葉

Point 長引く、悪いなどの意味を持つ言葉を避ける。

> 死・苦しむ・四（死）・九（苦）・寝る・寝つく・悪い・長い・長引く・繰り返す・再び・またまた・再々 など

言い換え例

会議が長引いてお見舞いにうかがえず
　➡ 所用のため
　　お見舞いにうかがえず

◆開店・開業に関する忌み言葉

Point つぶれる、負ける、火（火事）などの意味を持つ言葉を避ける。

> つぶれる・倒れる・崩れる・閉じる・落ちる・失う・負ける・敗れる・傾く・揺れる・焼ける・燃える・焼く・火・煙・赤（赤字）・紅 など

言い換え例

紅葉の美しい季節となりました。
　➡ 秋も深まってまいりました。

※この場合、紅葉の「紅」が火事を連想させる忌み言葉です。

◆葬儀に関する忌み言葉

Point 死、苦などの意味を持つ言葉、度々などの重ね言葉を避ける。

> 死・苦・死亡・死去・生存・四（死）・九（苦）・長引く・迷う・重なる・重ね重ね・再度・再々・再三・くれぐれも・また・たびたび・しばしば・ときどき・返す返す・皆々様・続く など

言い換え例

返す返すも残念です。
　➡ 本当に残念です。

付録

いまさら聞けない
メールと手紙の
きほんマナー

- ■ 知っておくと得するメールの基礎知識
- ■ ビジネス文書の基本構成を覚えよう
- ■ 封筒・はがき・一筆箋の書き方のマナー
- ■ 敬語の基本と使い方
- ■ 名詞＆動詞の敬語の使い分け
- ■ 仕事で役立つビジネス用語

知っておくと得するメールの基礎知識

いまや、大半の文書のやり取りはメールで行うという人がほとんどです。頻繁に使用するメールだからこそ、書き方や使い方の基本をおさらいしておきましょう。

◆メールの基本の"型"をマスターしよう

宛先： ○○○○@○○.co.jp
件名： 次回カタログ制作打ち合わせの日程について ❶

株式会社○○○
広報宣伝部　○○様 ❷

いつもお世話になっております。 ❸
□□デザインの田中です。 ❹

次回の打ち合わせの件でご連絡させていただきました。 ❺
日程について以下のうち、 ❻
ご都合のよい日時をお知らせください。

11月10日（月）　13時～17時
11月14日（木）　 9時～18時

ご調整のほどお願い申し上げます。
ご連絡をお待ちしております。 ❼

株式会社□□デザイン ❽
田中雄二
〒150-0000　東京都○○区○○ 1-1-1
TEL：03-0000-0000
FAX：03-0000-0000
Email:Ytanaka@×××.co.jp
----

❶ 件名

短く具体的に。依頼、問合せ、打ち合せなど、ひと目でわかるキーワードを入れるとよい。

❷ 宛名

会社名、部署名を入れる。頻繁にやりとりする相手や社内のメールでは、○○様だけの場合も。相手の名がわからない場合は「ご担当者様」とする。

❸ あいさつ

社外なら「いつもお世話になっております」、社内なら「お疲れ様です」など定型文を使ってもよい。

❹ 差出人名

先に簡単に名乗ってから用件に入る。

❺ 用件（結論）

何の用件でメールをしたかを最初に述べる。

❻ 詳細

一文は長くなりすぎないように、50文字以内程度に。また、適度に改行する。話題が変わるときは一行空けると読みやすい。

❼ 結び

締めくくりのフレーズ。「よろしくお願いいたします」など、定型文を使うとよい。

❽ 署名

会社名、部署名、名前、会社の所在地、連絡先を入れる。メールソフトで署名を登録するといい。社内用、社外用で使い分けると便利。

メールの「型」をマスターすると書きやすくなる

　メールを書くのが苦手な人は、基本的な書き方の「型」を覚えることをおすすめします。

　メールは一般的に、❶件名、❷宛名、❸あいさつ、❹差出人名、❺用件（結論）、❻詳細、❼結び、❽署名の順番で書かれています。最低限この「型」さえ守れば、あとは定型文を組み合わせるだけで完成。そこに自分なりのフレーズをひと言書き添えれば気持ちが伝わります。

◆ひと目でわかる件名をつけよう

1日にやり取りするメールの件数は、人によっては膨大なものになるため、あまりにありきたりな件名だと見落とされてしまう場合があります。ひと目で内容がわかる件名をつけましょう。

NG例

- お問い合わせ／打ち合わせの件／お知らせ
- 【至急】お返事ください
- 【重要】会議日程変更のお知らせ

> **MEMO** 件名に具体性がなく、いちいちメールを開けてみないとわからない、また、あとで探すときにも見つけにくいのが難点です。【至急】【重要】は押しつけがましい印象がある上に、DMなどと間違えられる可能性があるので多用は禁物。本当に緊急・重要な用件なら電話で連絡をとるべきでしょう。

GOOD例

- ○○商品のお見積りについて
- 【依頼】○○の再提出について
- Aプロジェクト　次回会議日程のご相談
- ○月○日の会議資料のご連絡

> **MEMO** メールを開けなくてもどんな内容か見当がつく件名をつけることで、相手は確認の優先順位をつけやすい。また、あとで検索する際にも見つけやすいです。

◆相手のメールを引用して返信する

問い合わせや依頼に答えるメールは、相手の文面を引用すると効率よく、もれなく返信ができて便利です。ただし、相手の書いた文面を勝手に書き換えたり修正しないのがルール。必要なところだけ引用して「はい、そうですね」「承知しました」など相づちを入れながら答えると、まるで会話をしているような心の通ったメールになります。

◆プラスアルファの気持ちは追伸で述べる

仕事のメールは事務的になりがち。かといってプライベートなことを書くと用件がぼやけてしまいます。こんなときは追伸を上手に使いましょう。1～2行で短く、気持ちを伝えるひと言を書き添えることで親近感が深まります。

> **例**
>
> ・追伸：鍋物がおいしい季節になってきましたね。
> 　　　　今度ぜひご一緒しましょう。
>
> ・追伸：いただいた和菓子、とてもおいしかったです。
> 　　　　みんなで嬉しくいただきました。

さりげなく
ひと言添えるのが
ポイント

mini COLUMN

メールのやりとりは、出した人で終えるのがルール

　メールのやりとりは、どこで終わらせたらいいのか迷うところです。基本的には最初に出した人がメールを終えるのが一般的。たとえば、

段階①：Aさん ➡ Bさん　問い合わせや依頼
段階②：Bさん ➡ Aさん　問い合わせや依頼への回答
段階③：Aさん ➡ Bさん　回答へのお礼

となります。回答をもらったまま放置するのは失礼ですし、相手もちゃんと届いたのかなと不安になります。

　段階③の時点で、BさんはAさんからお礼のメールをもらったら、それに対してさらにお礼のメールを出す必要はありません。

また返信が…

え？また
戻ってきた…

◆読みやすいメールのポイント

文字ばかりがびっしり詰ったメールは読みづらく、読む気がしないものです。適度に余白を入れて読みやすくレイアウトしましょう。

ポイント❶ 1行は30文字以内に
1行が長いと読みづらい。切れのいいところで改行を入れよう。

ポイント❷ 適度に空白行を入れる
話題が変わるときは空白行を1行入れる。あるいは、3～5行書いたら空白行を入れる。

ポイント❸ 箇条書きを活用する
だらだらと長文で説明せず、箇条書きにできるところは箇条書きでまとめる。

ポイント❹ 罫線や記号を利用する
日程やリストなど、本文と内容を区別したい箇所には、罫線を使うとメリハリがついて見やすくなる。

宛先：	○○○○@○○.co.jp
件名：	10月9日販促セミナー開催のお知らせ

関係各位

お疲れ様です。
業務部の山口真帆子です。

この度、業務部主催のセミナーを、次のとおり開催いたします。

日　時：10月9日（木）13:00～15:00
場　所：本社5階大会議室
テーマ：「SNSを活用した販促活動の可能性」
講　師：○○研究所所長　大久保健二氏

参加を希望される方は9月19日（金）までに
担当の山口真帆子までメールにてご連絡ください。

ぜひご出席くださいますよう、お願いいたします。

（署名）

◆署名でさりげなく情報発信する

メールには必ず「署名」をつけます。署名は名前や会社名、連絡先だけでなく、新製品の紹介や会社の PR を入れたり、年末年始の休みなど予定を知らせるときにも使えます（ただし、個人のメールアドレスや携帯電話の番号は安易に入れないように注意すること）。相手によって使い分けられるように数種類用意しておくと便利です。

> **例**
> 株式会社○○○○　□□部
> 永岡文子
> 東京都○○区○○ 1-2-3
> TEL.03-0000-0000 ／ FAX.03-0000-0001
> nagaoka@○○○.jp
> ◆「○○○○」好評発売中です！　⇒　http://www.○○○.jp/

mini COLUMN

漢字をひらがなに変えて読みやすさアップ

　漢字が多いメールも読みづらいものです。ひらがなでも意味が通じる語は、ひらがなにするだけでもずいぶんと読みやすくなります。ただし、ひらがなが続きすぎると逆に読みにくくなるので、適度に漢字を混ぜたり、句点（、）や改行を入れましょう。

◆ひらがなに変えたほうがいい例

有難い ➡ ありがたい	位 ➡ くらい	因みに ➡ ちなみに
出来ます ➡ できます	為 ➡ ため	就いては ➡ ついては
存知ます ➡ 存じます	筈 ➡ はず	所が ➡ ところが
或る ➡ ある	迄 ➡ まで	並びに ➡ ならびに
此の ➡ この	程 ➡ ほど	又 ➡ また
若しくは ➡ もしくは	〜して居る	お礼旁々
お目出度う	➡ 〜している	➡ お礼かたがた
➡ おめでとう	〜して見る	故に ➡ ゆえに
致す ➡ いたす	➡ 〜してみる	高目 ➡ 高め
お早う ➡ おはよう	且つ ➡ かつ	概ね ➡ おおむね
戴く ➡ いただく	然し ➡ しかし	即ち ➡ すなわち
無い ➡ ない	但し ➡ ただし	彼等 ➡ 彼ら

ビジネス文書の基本構成を覚えよう

ビジネス文書はある程度決まった型があります。この型に沿って書くことで、伝えるべき要件を、もれなく、簡潔に、わかりやすく伝える文書が作れます。

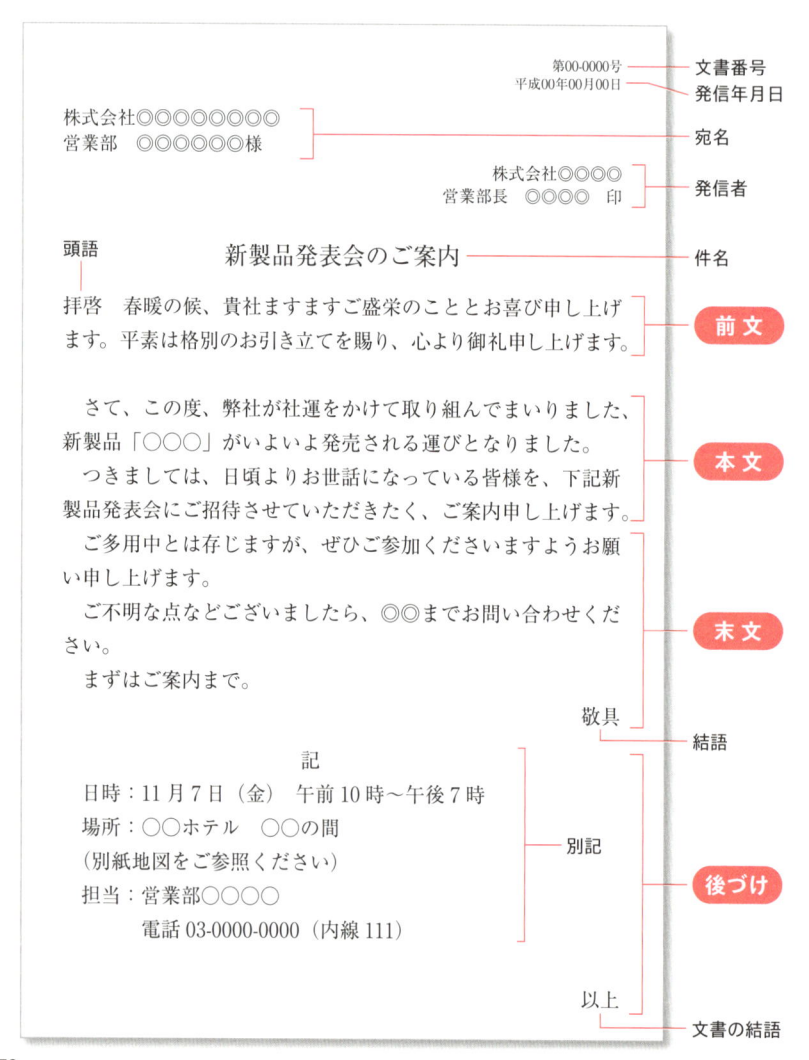

第00-0000号 ── 文書番号
平成00年00月00日 ── 発信年月日

株式会社○○○○○○○○
営業部　○○○○○○様 ── 宛名

　　　　　　　　株式会社○○○○
　　　　　営業部長　○○○○　印 ── 発信者

頭語　　　　新製品発表会のご案内 ── 件名

拝啓　春暖の候、貴社ますますご盛栄のこととお喜び申し上げます。平素は格別のお引き立てを賜り、心より御礼申し上げます。 ── **前文**

　さて、この度、弊社が社運をかけて取り組んでまいりました、新製品「○○○」がいよいよ発売される運びとなりました。
　つきましては、日頃よりお世話になっている皆様を、下記新製品発表会にご招待させていただきたく、ご案内申し上げます。 ── **本文**

　ご多用中とは存じますが、ぜひご参加くださいますようお願い申し上げます。
　ご不明な点などございましたら、◎◎までお問い合わせください。
　まずはご案内まで。 ── **末文**

　　　　　　　　　　　　　　　　　　　　敬具 ── 結語

　　　　　　　　　　　記
日時：11月7日（金）　午前10時～午後7時
場所：○○ホテル　○○の間
（別紙地図をご参照ください）
担当：営業部○○○○
　　　電話03-0000-0000（内線111） ── 別記／**後づけ**

　　　　　　　　　　　　　　　　　　　　以上 ── 文書の結語

前文の POINT **頭語＆季節のあいさつや日頃のお礼を述べる**
「拝啓」などの頭語に続き、時候のあいさつ、相手の安否を尋ねるあいさつ、日頃お世話になっていることへのお礼を述べます。定型文を使用してもいいでしょう。

本文の POINT **用件をもれなく簡潔に伝える**
「さて」「ところで」などの起語を使って、本題を切り出します。必要に応じて箇条書きにするなど、簡潔にわかりやすく書くことが基本です。

末文の POINT **結びのあいさつ＆結語で締める**
「何卒よろしくお願い申し上げます」などで締めくくります。「ますますのご発展をお祈りします」など相手の繁栄を祈る言葉を添えることもあります。最後は「敬具」などの結語で締めます。

後づけの POINT **日付、宛名、署名、別記を記入する**
後づけには通常、いつ、誰が誰に宛てて書いたものかを明記します（文例では日付と宛名は冒頭に記してあるので省略してあります）。なお、本文を補足する情報（日時や場所など）を記す場合は「別記」として立てます。別記は左右中央に「記」と記して、内容を左に寄せて、箇条書きにするのが一般的です。

mini COLUMN

相手への敬意を表す正しい敬称の使い方

ビジネス文書では、敬称の使い方を間違えないように注意しましょう。

様 ＝個人名につける。
御中＝会社、組織、部署につける。
各位＝二人以上に宛てた手紙に皆様方という意味でつける。「関係者各位」「社員各位」「お客様各位」のように使う。
殿 ＝目下の人につける敬称。目上には使用しない。
先生＝教師、講師、弁護士、医師、議員、作家などにつける敬称。

〈二重の敬称はNG！〉

✖ **各位殿** ➡「各位」にすでに敬意が含まれるので「各位殿」は間違い。
✖ **先生様** ➡「先生」にすでに敬意が含まれるため二重敬語になる。
　　　　　　　○○社長様、○○部長様も同様。
✖ **○○会社御中　△△様** ➡ ○○会社　△△様　が正しい。

封筒・はがき・一筆箋の書き方のマナー

封筒は、縦長の和封筒と横長の洋封筒があります。和封筒は文章主体の書簡に、洋封筒は招待状や案内状を送るときによく使われます。

◆和封筒の書き方

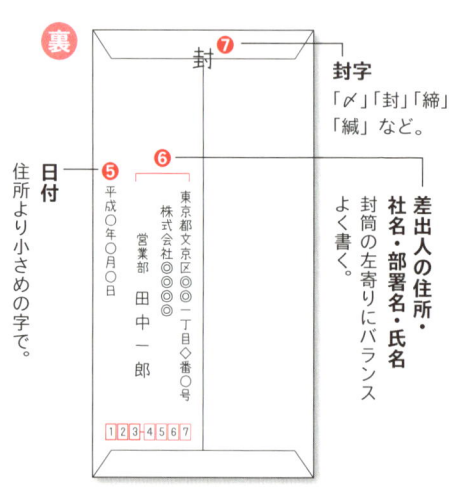

表
- 切手
- 100-1234
- ❶東京都練馬区豊玉上二丁目七番◎号
- ❷株式会社 永岡書店 ○○部
- ❸部長 永岡◎◎ 様
- ❹請求書在中

裏
- ❼封
- **封字**「〆」「封」「締」「緘」など。
- ❺日付：平成○年○月○日　住所より小さめの字で。
- ❻東京都文京区◎◎一丁目◇番○号 株式会社◎◎◎◎ 営業部 田中一郎
- 123-4567
- **差出人の住所・社名・部署名・氏名**：封筒の左寄りにバランスよく書く。

❶住所
右端から適度な余白を開け1～2行で書く。文字は宛名よりやや小さめに。

❷社名・部署名
住所よりやや小さい字で。書き出しは住所よりやや下げる。

❸役職名・氏名
役職名は名前の上に名前よりも小さめの字で。役職名が長い場合は2行で書く。名前は中央に。文字は一番大きく書く。

❹外脇付（そとわきづけ）
必要に応じて同封物を「請求書在中」「写真在中」などと赤字で明記する。

◆洋封筒の書き方

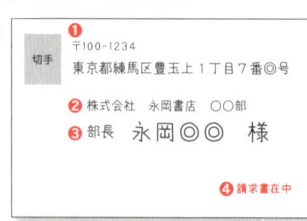

表
- 切手
- ❶〒100-1234　東京都練馬区豊玉上1丁目7番◎号
- ❷株式会社 永岡書店　○○部
- ❸部長 永岡◎◎ 様
- ❹請求書在中

❶住所　❷社名・部署名
❸役職名・氏名　❹脇付

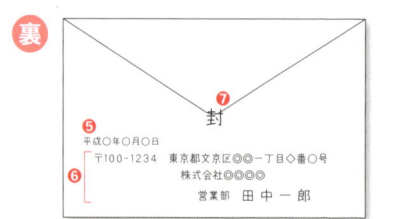

裏
- ❼封
- ❺平成○年○月○日
- ❻〒100-1234 東京都文京区◎◎一丁目◇番○号 株式会社◎◎◎◎ 営業部 田中一郎

❺日付　❻差出人の住所・社名・部署名・氏名　❼封字

◆はがきの書き方

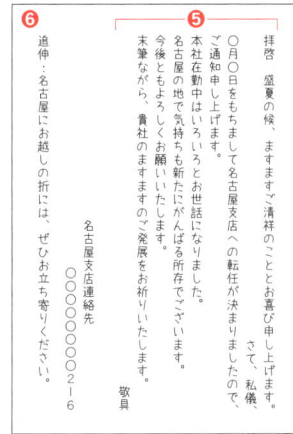

(表)

切手　100-1234

❶ 東京都練馬区豊玉上一丁目七番◎号
❷ 株式会社　永岡書店
❸ ○○部　部長
　永岡◎◎　様

❹ 東京都文京区◎◎一丁目◇番○号
　株式会社◎◎◎
　営業部　田中一郎

123-4567

(裏)

❺ 拝啓　盛夏の候、ますますご清祥のこととお喜び申し上げます。
さて、私儀、
○月○日をもちまして名古屋支店への転任が決まりましたので、ご通知申し上げます。
本社在勤中はいろいろとお世話になりました。
名古屋の地で気持ちも新たにがんばる所存でございます。
今後ともよろしくお願いいたします。
末筆ながら、貴社のますますのご発展をお祈りいたします。
敬具

❻ 追伸・名古屋にお越しの折には、ぜひお立ち寄りください。

名古屋支店連絡先
○○○○○○○2-6

❶住所
右端から適度な余白を開け1〜2行で書く。文字は宛名よりやや小さめに。

❷社名・部署名
住所よりやや小さい字で。書き出しは住所よりやや下げる。

❸役職名・氏名
役職名は名前の上に、名前よりも小さめの字で。役職名が長い場合は2行で書く。名前は中央に。文字は一番大きく書く。

❹差出人の住所・社名・部署名・氏名
切手の幅に収まるように書くとバランスがよい。

❺本文
文字が多すぎて読みづらくならないよう全体で10行程度に収める。

❻余白
左右バランスよく余白を取る。左側の余白に追伸を書く場合もある。

◆一筆箋の書き方

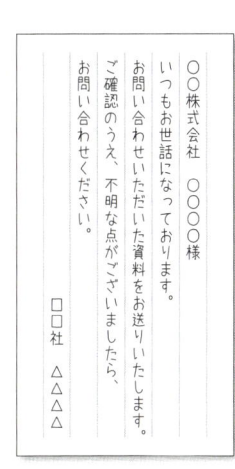

○○株式会社　○○○○様
いつもお世話になっております。
お問い合わせいただいた資料をお送りいたします。
ご確認のうえ、不明な点がございましたら、お問い合わせください。

□□社　△△△△

相手に何かを送るときに、短いメッセージを書いて同封する使い方が一般的です。堅苦しいあいさつは不要。前文、末文なしで要件だけを書いてかまいません。短くても手書きのメッセージを添えることに意味があります。長くなるのなら一筆箋ではなく普通の便箋を使いましょう。

敬語の基本と使い方

敬語をきちんと使える人は好印象を与え、人から信頼されます。特に混乱しやすいのが、尊敬語と謙譲語。あまり神経質になる必要はありませんが、基本は押さえておきましょう。

尊敬語
相手または第三者の行為や状態、物事などに対して敬意を表すときに用いる。

ケース 1　目上の人が、来訪したことに対してお礼を言う

○ 先日は弊社まで
- ご来社賜り
- ご足労いただき
- お運びいただき
- おいでくださり
- お越しくださり

ありがとうございました。

✕ NG［お伺いいただき］

※「伺う」は「行く」の謙譲語。自分の行為に対して用いる。

ケース 2　目上の人に、資料を見たかどうか尋ねる

○ 先日お送りした資料を
- ご覧
- お目通し
- ご高覧

いただきましたでしょうか。

✕ NG［ご拝見］

※「拝見」は「見る」の謙譲語。目上の人に対して用いるのは間違い。

謙譲語 — 自分のことをへりくだって言うことで、相手または第三者に敬意を表すときに用いる。

ケース 1 目上の人から贈答品をもらったことに対しお礼を言う

⭕ 先日は、結構なお品を [・**いただき** / ・**頂戴し** / ・**賜り**] 大変ありがとうございました。

❌ **NG** [お受けになり]

※「お受けになる」は「受ける」の尊敬語。自分の行為に用いるのは誤り。

ケース 2 取引先に、自分の上司が同行することを伝える

⭕ 明日は、[弊社部長の○○] も [・**一緒に伺い** / ・**同行いたし**] ます。

❌ **NG** [弊社の○○部長] も [ご一緒にいらっしゃい] ます。

※上司は身内の人なので、敬意を示すべきは、上司ではなく、取引先の人。したがって、上司に対して謙譲語を使うことで、取引先に敬意を表す。

ケース 3 上司が取引先に会いたがっていることを伝える

⭕ 部長の○○も、△△様に [・**お会いしたい** / ・**お目にかかりたい**] と [**申して**] おります。

❌ **NG** [お会いになりたい] と [おっしゃって] おります。

※「おっしゃる」は尊敬語。取引先に対して上司のことを言う場合は、上司も身内になるので謙譲語を使う。

名詞＆動詞の敬語の使い分け

敬語で恥をかかないために、使い分けの基本を押さえておきましょう。

◆名詞（人や団体、事物）を指す敬語の使い分け

人やモノを指すときに用いる敬語をまとめました。相手の名前や属する事物に対して敬意を表す表現（尊称）と、自分や自分の身内、自分に属する事物をへりくだって言う表現（卑称）をきちんと使い分けましょう。

対象	尊称	卑称
会社	貴社・御社・貴店・貴営業所・貴支店	弊社・小社・当社・当店・当営業所・当支店
団体	貴会・貴館・貴組合・貴協会・貴院・貴校	当会・当館・当組合・当協会・当院・当校
学校	貴校・御校・貴学	当校・本校・本学・わが校
家	ご尊家・ご尊宅・貴家・貴宅・貴邸	小宅・私宅・当家
物品・贈り物	ご厚志・ご芳志・佳品・お心づくしの品・けっこうなお品	寸志・薄謝・粗品・心ばかりの品・ささやかな品
配慮	ご配慮・ご高配・お心配り・お気遣い	配慮・手配り・心配・心遣い
意見	ご意向・ご高見・ご卓見・ご高説	私見・愚見・私考・所見
気持ち	お気持ち・お心・ご厚志・ご厚情・ご芳志・ご芳情	私意
手紙	お手紙・お便り・ご書状・ご書面・貴信	手紙・書状・書面・本状・拙書
名まえ	お名前・ご芳名	名前
上司	ご上司・貴社長・貴部長	上司・社長・部長
友人	ご友人・ご親友・ご学友	友人・親友・旧友

◆よく使う動詞の敬語表現

よく使う動詞をそれぞれ「丁寧語」「尊敬語」「謙譲語」に分類しました。「敬語を使う相手は誰か」に注意して、正しく使い分けましょう。

動詞	丁寧語	尊敬語	謙譲語
する	します	される・なさる	いたす
思う	思います	お思いになる	存じ上げる
いる	います	いらっしゃる	おる
言う	言います	おっしゃる	申し上げる
聞く	聞きます	お聞きになる	拝聴する・伺う
見る	見ます	ご覧になる	拝見する
行く	行きます	お越しになる	伺う・参る
来る	来ます	いらっしゃる	参る
会う	会います	お会いになる・会われる	お目にかかる
帰る	帰ります	お帰りになる	失礼する
与える	あげます	くださる・賜う・賜る	差し上げる・奉る
受け取る	いただきます	お納めになる・お受け取りになる	いただく・賜る・拝受する・受領する
知る	知っている	ご存じ	存じ上げる
読む	読みます	読まれる	拝読する
考える	考えます	ご高察（賢察）くださる	拝察する
送る	送ります	お送りくださる	送らせていただく
食べる	食べます	召し上がる	いただく

COLUMN

間違い敬語に気をつけよう

敬語を間違えずに使いこなせると、初対面でも好印象を与えることができます。間違いやすい敬語を、今一度確認しておきましょう。

❶二重敬語に気をつける

> ✖ すでにお聞きになられていると思いますが、
> ⭕ すでにお聞きになっているかと思いますが、

MEMO　NG例は「お聞きになる」と「られる」の二つの尊敬語が使われている二重敬語です。くどくなるので使わないように気をつけましょう。

二重敬語の例

✖ お越しになられる	➡	⭕ お越しになる
✖ お話しになられる	➡	⭕ お話になる
✖ お会いになられる	➡	⭕ お会いになる
✖ お見えになられる	➡	⭕ お見えになる
✖ お戻りになられる	➡	⭕ お戻りになる
✖ お聞きになられる	➡	⭕ お聞きになる
✖ おっしゃられる	➡	⭕ おっしゃる
✖ おいでになられる	➡	⭕ おいでになる
✖ お帰りになられる	➡	⭕ お帰りになる
✖ お求めになられる	➡	⭕ お求めになる
✖ ご利用になられる	➡	⭕ ご利用になる
✖ ご出席になられる	➡	⭕ ご出席になる

❷過剰敬語に気をつける

> ❌ ご注文をお承(うけたまわ)りさせていただきました。
> ⭕ ご注文を承りました。

MEMO 「承る」は「受ける」の謙譲語。「させていただく」は「する」の謙譲語で、両方を組み合わせると二重敬語になってしまいます。

---

❸不自然な敬語に気をつける

> ❌ それはご存じありませんでした。
> ⭕ それは存じ上げませんでした。

MEMO 自分の行為を示すときは、必ず謙譲語を使います。「行く」→「参る」、「聞く」→「伺う」、「する」→「いたす」なども覚えておきましょう。

※尊敬語と謙譲語の違いについては182ページを参照してください。

「させていただく」の正しい使い方

　ひとつの文書やメールを見直してみると、「〜させていただきます」を連発していることはないでしょうか。「〜させていただく」をつけるとそれだけで丁寧な印象になるので、つい多用したくなる気持ちはわかりますが、連発すると読みづらく、不快に感じるものです。
　そもそも、「させていただく」は相手の許可が必要なときに使う表現。「当社の新製品について説明させていただきます」「喜んで出席させていただきます」などのように使います。

仕事で役立つビジネス用語

ビジネス文書には、日常ではあまり使わない独特の表現があります。慣れるととても便利なので、覚えておくといいでしょう。

	用 語	読み方	意味・使い方
あ	（ご）愛顧	（ご）あいこ	ひいき・目をかけること
	遺憾	いかん	残念・心残り
	異存	いぞん	反対意見・不満
	（ご）引見	（ご）いんけん	身分の高い人が人を呼び入れて対面すること
	お陰さまで	おかげさまで	感謝の気持ちを表す
	お越し	おこし	来る・行くの尊敬語
	お手数	おてすう	手間・面倒をかけること
	お取り計らい	おとりはからい	あれこれ便宜をはかること
	お引き立て	おひきたて	目をかけてひいきすること
	御地	おんち	相手の所在地を尊敬していう呼び方
か	（ご）快諾	（ご）かいだく	気持ちよく引き受けること
	（ご）回答	（ご）かいとう	質問や要求にこたえること
	各位	かくい	みなさまがたの意味
	格段の	かくだんの	とりわけ・特別
	格別の	かくべつの	とりわけ・特別
	過日	かじつ	先日
	（ご）勘案	（ご）かんあん	いろいろ考え合わせること
	鑑みる	かんがみる	先例や規範に照らし合わせる
	（ご）寛恕	（ご）かんじょ	心が広く許すこと
	貴社	きしゃ	相手の会社を尊敬していう呼び方
	祈念	きねん	祈る・目的の達成を念じる
	（ご）教示	（ご）きょうじ	教え示すこと
	恐縮	きょうしゅく	身も縮むほど恐れ入ること
	苦慮	くりょ	いろいろと苦しみ悩むこと
	慶賀	けいが	喜び祝うこと
	決済	けっさい	売買取引を終えて支払を済ませること

決裁	けっさい	権限をもった者が部下の提案の可否を決めること
見解	けんかい	ものの考え方・価値観
（ご）賢察	（ご）けんさつ	相手の推察を敬った言い方
研鑽	けんさん	深く研究すること
見識	けんしき	すぐれた意見。気位というネガティブな意味もある
（ご）健勝	（ご）けんしょう	体が丈夫で元気なようす
（〜の）候	（〜の）こう	時候
後学	こうがく	将来の知識や学問
（ご）交誼	（ご）こうぎ	親しい交際
（ご）厚誼	（ご）こうぎ	場があつい交際。親しみの気持ち
（ご）高見	（ご）こうけん	相手の意見を敬った言い方
（ご）高察	（ご）こうさつ	相手の推察を敬った言い方
（ご）高承	（ご）こうしょう	相手の承知・承認を敬った言い方。主に手紙文で使う
（ご）厚情	（ご）こうじょう	厚い情け。思いやりの心
（ご）高配	（ご）こうはい	相手の心配りを敬った言い方。主に手紙文で使う
（ご）高評	（ご）こうひょう	相手の評価を敬った言い方
（ご）高覧	（ご）こうらん	相手が見ることを敬った言い方
ご指導 ご鞭撻	ごしどう ごべんたつ	相手の指導や教育を敬った言い方
（ご）懇情	（ご）こんじょう	真心のこもった心遣い
困惑	こんわく	どうしたらいいかわからず、とまどうこと
（ご）査収	（ご）さしゅう	金品・書類などを調べて受け取ること
慙（慚）愧	ざんき	心に深く恥じること
参上	さんじょう	目上の人のところに行くことをへりくだって言う
時下	じか	このごろ。主に手紙文で使う
仕儀	しぎ	事のなりゆき。主によくないことに使う
次第です	しだいです	〜といういきさつです
（ご）叱正	（ご）しっせい	叱り、正すこと
（ご）叱責	（ご）しっせき	叱り、とがめること
失念	しつねん	忘れること
受諾	じゅだく	相手の申し入れや提案を受け入れること
（ご）受納	（ご）じゅのう	物を受け納めること
受領	じゅりょう	受け納めること。領収
照会	しょうかい	問い合わせて確かめること

付録　仕事で役立つビジネス用語

用　語	読み方	意味・使い方
小社	しょうしゃ	自分の属する会社をへりくだっていう呼び方
承知	しょうち	聞き入れること
（ご）笑納	（ご）しょうのう	贈り物を受け取ってもらうときのへりくだった言い方
承諾	しょうだく	引き受けること
承服	しょうふく	相手の言うことに納得して従うこと
所存	しょぞん	考え・意見
深謝	しんしゃ	深く感謝すること・心から詫びること
（ご）斟酌	（ご）しんしゃく	相手の事情を汲み取ること
（ご）尽力	（ご）じんりょく	力を尽くすこと。ほねおり
（ご）清栄	（ご）せいえい	手紙文で、相手の健康・繁栄を祝う挨拶の言葉
（ご）盛栄	（ご）せいえい	手紙文で、事業が発展していることを祝う挨拶の言葉
（ご）清祥	（ご）せいしょう	手紙文で、相手が幸福に暮らしていることを祝う挨拶の言葉
精励	せいれい	つとめ励むこと
僭越	せんえつ	立場を超えて出すぎたことをする
先日	せんじつ	少し前のある日。過日
善処	ぜんしょ	適切な処置をすること
先般	せんぱん	この間・さきごろ・せんだって
（ご）送付	（ご）そうふ	品物や書類を送り届けること
（ご）足労	（ご）そくろう	足をわずらわせること。相手に来ていただくときに「御足労いただく」の形で使う
存じます	ぞんじます	「思います」のへりくだった言い方
大過なく	たいかなく	大きな過ちなく
（ご）多幸	（ご）たこう	非常に幸福なこと・よいことがたくさんあること
賜物	たまもの	相手からの恩恵
賜る	たまわる	「もらう」の謙譲語
（〜の）段	（〜の）だん	〜のこと
着荷	ちゃっか	荷物が着くこと
衷心より	ちゅうしんより	心の底から
陳謝	ちんしゃ	事情を述べて謝ること
丁重	ていちょう	礼儀正しく手厚いこと
当社	とうしゃ	自分の会社のこと
当地	とうち	この土地・こちら
当惑	とうわく	どうしたらいいかわからず、とまどうこと

は	倍旧	ばいきゅう	以前よりいっそう増すこと
	拝察	はいさつ	推察することをへりくだって言う
	拝受	はいじゅ	受け取ることをへりくだって言う
	拝聴	はいちょう	聞くことをへりくだって言う
	拝読	はいどく	読むことをへりくだって言う
	（ご）配慮	（ご）はいりょ	心を配ること
	万障	ばんしょう	いろいろのさしさわり
	一方ならぬ	ひとかたならぬ	並ひととおりではない
	弊社	へいしゃ	自分の属する会社をへりくだって言う呼び方
	平素	へいそ	つねひごろ
	（ご）芳志	（ご）ほうし	相手の親切な心遣いを敬っていうこと
	（ご）芳情	（ご）ほうじょう	相手の思いやりを敬っていうこと
	（ご）芳名	（ご）ほうめい	相手の名前を敬って言う
ま	邁進	まいしん	ひたすら目的に向かって進むこと
	（〜の）みぎり	（〜の）みぎり	時節・時候・〜の候
	見計らう	みはからう	適当なものを選ぶこと
	未着	みちゃく	まだ到着しないこと
や	やぶさかではない	やぶさかではない	喜んで〜する・〜する努力を惜しまない
	（ご）猶予	（ご）ゆうよ	予定の日時を先に延ばすこと
	（ご）容赦	（ご）ようしゃ	許すこと
	養生	ようじょう	病気の回復に努めること
	（ご）用命	（ご）ようめい	言いつかった用事・注文
	（〜の）由	（〜の）よし	〜のこと
ら	（ご）来駕	（ご）らいが	相手がやって来ることを敬った言い方
	（ご）来臨	（ご）らいりん	相手がある場所に来ることを敬った言い方
	（ご）留意	（ご）りゅうい	あることを心にとどめて気を配ること
	（ご）隆昌	（ご）りゅうしょう	非常に栄えること
	（ご）隆盛	（ご）りゅうせい	非常に栄えること
	（ご）了解	（ご）りょうかい	理解すること
	（ご）領収	（ご）りょうしゅう	お金などを受け取ること
	（ご）了承	（ご）りょうしょう	事情をくんで納得すること
	稟議	りんぎ	会議を開かないで関係者に案を回して承認を得ること
	（ご）臨席	（ご）りんせき	会合や式に出ること

付録 仕事で役立つビジネス用語

監修者

平野友朗（ひらの ともあき）

一般社団法人日本ビジネスメール協会代表理事
株式会社アイ・コミュニケーション代表取締役

1974年、北海道生まれ。筑波大学人間学類卒業。広告代理店勤務を経て、2004年アイ・コミュニケーションを設立。ビジネスメールスキルの標準化を目指し、日本初のビジネスメール教育事業を立ち上げる。2013年には、一般社団法人日本ビジネスメール協会を設立。認定講師を養成し、ビジネスメールの教育者を日本全国に送り出している。セミナーや講演は、ビジネスメール、マーケティング、ブランディングを中心に年間100回を超える。著書は『ちょっとの工夫で仕事がぐんぐんはかどるビジネスメール術』（主婦の友社）、『ビジネスメールの常識・非常識』（日経BP社）、『これですっきり！ビジネスメールのトラブル解消』（日本経済新聞出版社）、など多数。

一般社団法人日本ビジネスメール協会　http://businessmail.or.jp/
株式会社アイ・コミュニケーション　http://sc-p.jp/
ビジネスメールの教科書　http://business-mail.jp/

※日本ビジネスメール協会では、ビジネスメール実務検定試験を実施しています。
　詳細については、ホームページでご確認ください。

STAFF

編集協力	有限会社ヴュー企画（池上直哉）
	石井栄子
イラスト	平井きわ
本文デザイン	加藤朝代（編集室クルー）
DTP	編集室クルー

短いフレーズで気持ちが伝わる
モノの書き方サクッとノート

監修者	平野友朗
発行者	永岡修一
発行所	株式会社永岡書店
	〒176-8518　東京都練馬区豊玉上1-7-14
	TEL. 03（3992）5155（代表）
	03（3992）7191（編集）
印刷	精文堂印刷
製本	ヤマナカ製本

ISBN978-4-522-43313-3 C0036　②
落丁本・乱丁本はお取り替えいたします。
本書の無断複写・複製・転載を禁じます。